中小衔接丛书

当语文遇到『大思政』

石锡伍 —— 丛书主编

陈宗林 —— 本册主编

海峡出版发行集团 | 福建教育出版社

图书在版编目（CIP）数据

当语文遇到"大思政"/陈宗林主编. —福州：福建教育出版社，2024.5（2025.2重印）
（中小衔接丛书/石锡伍主编）
ISBN 978-7-5334-9962-4

Ⅰ.①当… Ⅱ.①陈… Ⅲ.①思想政治教育—研究—中国 Ⅳ.①D64

中国国家版本馆CIP数据核字（2024）第089914号

中小衔接丛书

石锡伍　丛书主编

Dang Yuwen Yudao "Da Sizheng"

当语文遇到"大思政"

陈宗林　本册主编

出版发行	福建教育出版社
	（福州市梦山路27号　邮编：350025　网址：www.fep.com.cn
	编辑部电话：0591-83786469
	发行部电话：0591-83721876　87115073　010-62024258）
出 版 人	江金辉
印　　刷	福建新华联合印务集团有限公司
	（福州市晋安区福兴大道42号　邮编：350014）
开　　本	787毫米×1092毫米　1/16
印　　张	9.5
字　　数	146千字
版　　次	2024年5月第1版　2025年2月第2次印刷
书　　号	ISBN 978-7-5334-9962-4
定　　价	26.00元

如发现本书印装质量问题，请向本社出版科（电话：0591-83726019）调换。

编委会名单

丛书主编：石锡伍

本册主编：陈宗林

本册编委：陈宗林　冯元进　吴　翊
　　　　　林子琛　何晓丹　刘　萍

目 录

一、涵养家国情怀，汇聚前行力量 /1

1 在纪念五四运动 100 周年大会上的讲话 /1
2 在庆祝中国共产党成立 100 周年大会上的讲话 /4
3 在纪念辛亥革命 110 周年大会上的讲话 /7
4 在决战决胜脱贫攻坚座谈会上的讲话 /11
5 在庆祝中国共产主义青年团成立 100 周年大会上的讲话 /13

二、传承红色基因，坚定文化自信 /17

6 用好红色资源　赓续红色血脉　努力创造无愧于历史和人民的新业绩 /17
7 牢记初心使命，推进自我革命 /20
8 努力成为可堪大用能担重任的栋梁之才 /24
9 弘扬"红船精神"　走在时代前列 /27
10 一个国家、一个民族不能没有灵魂 /30

三、感悟名人风范，争做时代新人 /34

11 在纪念孙中山先生诞辰 150 周年大会上的讲话 /34
12 在纪念毛泽东同志诞辰 130 周年座谈会上的讲话 /37
13 在纪念周恩来同志诞辰 120 周年座谈会上的讲话 /40
14 在纪念朱德同志诞辰 130 周年座谈会上的讲话 /44
15 做焦裕禄式的县委书记 /48

四、坚定理想信念，勇担时代责任 /52

16 在知识分子、劳动模范、青年代表座谈会上的讲话 /52

17 在同各界优秀青年代表座谈时的讲话 /56

18 青年要自觉践行社会主义核心价值观——在北京大学师生座谈会上的讲话 /59

19 在北京大学师生座谈会上的讲话 /63

20 做党和人民满意的好老师——同北京师范大学师生代表座谈时的讲话 /67

五、怀揣美好向往，祝福伟大祖国 /71

21 二〇一八年新年贺词 /71

22 二〇二一年新年贺词 /74

23 二〇二二年新年贺词 /77

24 二〇二三年新年贺词 /80

25 二〇二四年新年贺词 /83

六、弘扬共同价值，续写精彩华章 /86

26 共担时代责任，共促全球发展 /86

27 坚定信心　勇毅前行　共创后疫情时代美好世界 /89

28 抓住世界经济转型机遇　谋求亚太更大发展 /92

29 命运与共　共建家园 /95

30 共同构建人类命运共同体 /99

参考答案 /103

后　　记 /142

一、涵养家国情怀，汇聚前行力量

1 在纪念五四运动 100 周年大会上的讲话

2019 年 4 月 30 日

导读

1919 年的五四运动，是为了反对帝国主义列强在巴黎和会上损害中国主权、反对北京政府的卖国行径而爆发的。

五四运动的根本精神是爱国，进步，科学，民主；是不屈不挠、忧国忧民、敢于奉献、敢于斗争的伟大爱国主义精神。

五四运动，其主力是学生和青年。他们的爱国精神、为真理和正义而战的精神、不畏强暴和黑暗政治的精神值得任何时代的青年学习。

阅读任务

1. 查阅资料，找到"探究演练"中所列古诗文的出处、原文和释义，工整地写在批注栏内。

2. 阅读全文，对有感触的地方进行记录和小结，上课时和同学们一起分享。

原文阅读

扫码看原文

探究演练

一、古诗文批注

今天，新时代中国青年处在中华民族发展的最好时期，既面临着难得的建功立业的人生际遇，也面临着"天将降大任于斯人"的时代使命。新时代中国青年要继续发扬五四精神，以实现中华民族伟大复兴为己任，不辜负党的期望、人民期待、民族重托，不辜负我们这个伟大时代。

1. 天将降大任于斯人。

出处：_____
原文：_____
释义：_____

正所谓"立志而圣则圣矣，立志而贤则贤矣"。青年的人生目标会有不同，职业选择也有差异，但只有把自己的小我融入祖国的大我、人民的大我之中，与时代同步伐、与人民共命运，才能更好实现人生价值、升华人生境界。

2. 立志而圣则圣矣，立志而贤则贤矣。

出处：_____
原文：_____
释义：_____

青年是苦练本领、增长才干的黄金时期。"青春虚度无所成，白首衔悲亦何及。"当今时代，知识更新不断加快，社会分工日益细化，新技术新模式新业态层出不穷。这既为青年施展才华、竞展风采提供了广阔舞台，也对青年能力素质提出了新的更高要求。

3. 青春虚度无所成，白首衔悲亦何及。

出处：_____
原文：_____
释义：_____

二、整体阅读训练

1. 习近平总书记在讲话中指出，五四运动"是中国旧民主主义革命走向新民主主义革命的转折点,在近代以来中华民族追求民族独立和发展进步的历史进程中具有里程碑意义"。他是如何归纳五四运动的重要历史意义的?请你阅读文本,提取相关语句进行回答。

2. "青年是整个社会力量中最积极、最有生气的力量,国家的希望在青年,民族的未来在青年。"请你联系习近平总书记讲话内容和生活实际,说说新时代中国青年应该如何发挥自己的力量。

3. 青少年时期正是苦练本领、增长才干的黄金时期,但现实中总有一些同学不能严以律己,容易放纵自己。请你写一段话劝勉他们珍惜当下,努力提升自己。(要求在段落中用上一句习近平总书记讲话中引用的经典诗句)

4. 在中华历史长河中,涌现出许多有志青年,他们苦学本领、立志报国,创造了中华民族灿烂的文明。请你查阅相关资料,介绍一位最让你敬佩的有志青年。

2 在庆祝中国共产党成立100周年大会上的讲话

2021年7月1日

导读

　　本篇讲话稿系统回顾了中国共产党成立一百年来，团结带领全国各族人民开辟的伟大道路、创造的伟大事业、取得的伟大成就；庄严宣告实现了第一个百年奋斗目标、全面建成了小康社会，郑重宣示坚持和发展新时代中国特色社会主义、向全面建成社会主义现代化强国的第二个百年奋斗目标迈进的坚定决心，深刻阐述了以史为鉴、开创未来的根本要求。

　　这番重要讲话对于帮助国内外读者深入了解中国共产党团结带领人民不懈奋斗的光辉历程和伟大成就，形成的伟大建党精神，创造的中国式现代化新道路和人类文明新形态，弘扬的和平、发展、公平、正义、民主、自由的全人类共同价值等，具有重要意义。

阅读任务

　　1. 查阅资料，找到"探究演练"中所列古诗文的出处、原文和释义，工整地写在批注栏内。

　　2. 阅读全文，对有感触的地方进行记录和小结，上课时和同学们一起分享。

原文阅读

扫码看原文

> **探究演练**

一、古诗文批注

一百年来，中国共产党团结带领中国人民，以"为有牺牲多壮志，敢教日月换新天"的大无畏气概，书写了中华民族几千年历史上最恢宏的史诗。这一百年来开辟的伟大道路、创造的伟大事业、取得的伟大成就，必将载入中华民族发展史册、人类文明发展史册！

1. 为有牺牲多壮志，敢教日月换新天。

出处：_____

原文：_____

释义：_____

二、整体阅读训练

1. "中国共产党一经诞生，就把为中国人民谋幸福、为中华民族谋复兴确立为自己的初心使命。"请概括中国共产党带领中国人民取得的四个方面伟大成就。

2. 请写出伟大建党精神的具体内容。

3. 以史为鉴，可以知兴替。以史为鉴、开创未来，我国要怎么做？请概述要点。

4. "未来属于青年，希望寄予青年。"习近平总书记对新时代的中国青年提出了怎样的期望？

3 在纪念辛亥革命110周年大会上的讲话

2021年10月9日

导读

辛亥革命是指发生于中国农历辛亥年（清宣统三年），即公元1911年至1912年初，旨在推翻清朝专制帝制、建立共和政体的全国性革命。辛亥革命是20世纪中国所发生的第一次历史性巨变。它打开了中国进步潮流的闸门，推动了中国社会的变革。

阅读任务

1. 查阅资料，找到"探究演练"中所列古诗文的出处、原文和释义，工整地写在批注栏内。

2. 阅读全文，对有感触的地方进行记录和小结，上课时和同学们一起分享。

原文阅读

扫码看原文

探究演练

一、古诗文批注

孙中山先生是伟大的民族英雄、伟大的爱国主义者、中国民主革命的伟大先驱。孙中山先生大声疾呼"亟拯斯民于水火，切扶大厦之将倾"，高扬反对封建专制统治的斗争旗帜，提出民族、民权、民生的三民主义政治纲领，率先发出"振兴中华"的呐喊。在孙中山先生领导和影响下，大批革命党人和无数爱国志士集聚在振兴中华旗帜之下，广泛传播革命思想，积极兴起进步浪潮，连续发动武装起义，推动了革命大势的形成。

1. 亟拯斯民于水火，切扶大厦之将倾。

出处：_____

原文：_____

释义：_____

孙中山先生在《建国方略》中说："吾心信其可行，则移山填海之难，终有成功之日。"今天，经过长期奋斗，实现中华民族伟大复兴具备了更为完善的制度保证、更为坚实的物质基础、更为主动的精神力量。前景光明辽阔，但前路不会平坦。我们要以史为鉴、开创未来，在全面建设社会主义现代化国家新征程上继续担当历史使命，掌握历史主动，不断把中华民族伟大复兴的历史伟业推向前进。

2. 吾心信其可行，则移山填海之难，终有成功之日。

出处：_____

原文：_____

释义：_____

孙中山先生说过："'统一'是中国全体国民的希望。能够统一，全国人民便享福；不能统一，便要受害。"台湾问题因民族弱乱而产生，必将随着民族复兴而解决。这是中华民族历史演进大势所决定的，更是全体中华儿女的共同意志，正像孙中山先生所说："世界潮流，浩浩荡荡，顺之则昌，逆之则亡。"

3. 世界潮流，浩浩荡荡，顺之则昌，逆之则亡。

出处：_____
原文：_____
释义：_____

经过近代以来的长期艰苦奋斗，中国人民创造了令世界刮目相看的伟大成就，迎来了民族复兴的光明前景。实现中华民族伟大复兴是全体中华儿女的共同光荣，也是全体中华儿女的共同使命。孙中山先生说："惟愿诸君将振兴中国之责任，置之于自身之肩上。"我呼吁，海内外全体中华儿女更加紧密地团结起来，发扬孙中山先生等辛亥革命先驱的伟大精神，携手向着中华民族伟大复兴的目标继续奋勇前进！

4. 惟愿诸君将振兴中国之责任，置之于自身之肩上。

出处：_____
原文：_____
释义：_____

二、整体阅读训练

1. 阅读全文，概括辛亥革命110年来的历史带给我们的启示。

2. 孙中山先生说："惟愿诸君将振兴中国之责任，置之于自身之肩上。"结合实际，说说作为中学生的我们，如何尽到这份责任。

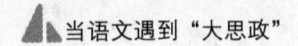

3. 综合运用。

任务一：挑选讲话中令你最有感触的句子（至少两句），说说你认为习近平总书记引用此句的用意，联系自己的生活实际谈谈感受。

第一句	
习近平总书记引用本句的用意	
你的感受	
第二句	
习近平总书记引用本句的用意	
你的感受	

任务二：结合自己的生活实际，写一段话，段落中要引用本文出现的一句古诗文。

4 在决战决胜脱贫攻坚座谈会上的讲话
2020年3月6日

导读

党的十八大以来，我们坚持以人民为中心的发展思想，明确了到2020年我国现行标准下农村贫困人口实现脱贫、贫困县全部摘帽、解决区域性整体贫困的目标任务。2020年3月6日，习近平总书记在北京出席决战决胜脱贫攻坚座谈会并发表重要讲话。

阅读任务

1. 查阅资料，找到"探究演练"中所列古诗文的出处、原文和释义，工整地写在批注栏内。

2. 阅读全文，对有感触的地方进行记录和小结，上课时和同学们一起分享。

原文阅读

扫码看原文

探究演练

一、古诗文批注

"其作始也简,其将毕也必巨。"脱贫攻坚越到最后越要加强和改善党的领导。各级党委(党组)一定要履职尽责、不辱使命。

1. 其作始也简,其将毕也必巨。

出处:＿＿＿＿＿＿＿＿＿＿＿＿＿＿＿＿＿＿＿＿＿＿＿＿

原文:＿＿＿＿＿＿＿＿＿＿＿＿＿＿＿＿＿＿＿＿＿＿＿＿

释义:＿＿＿＿＿＿＿＿＿＿＿＿＿＿＿＿＿＿＿＿＿＿＿＿

二、整体阅读训练

1. 请概括我国脱贫攻坚取得决定性成就的具体表现。

2. 文中提到:"脱贫攻坚战不是轻轻松松一冲锋就能打赢的,从决定性成就到全面胜利,面临的困难和挑战依然艰巨,决不能松劲懈怠。"请结合文章内容,说说在脱贫攻坚这场硬战中面临的困难和挑战有哪些。

5 在庆祝中国共产主义青年团成立100周年大会上的讲话

2022年5月10日

导读

青年的命运，从来都同时代紧密相连。自成立以来，在党的坚强领导下，共青团不忘初心、牢记使命，走在青年前列，组织引导一代又一代青年坚定信念、紧跟党走，为争取民族独立、人民解放和实现国家富强、人民幸福而贡献力量，谱写了中华民族伟大复兴进程中激昂的青春乐章。

2022年5月10日，庆祝中国共产主义青年团成立100周年大会在北京人民大会堂隆重举行。习近平总书记在大会上发表重要讲话。

阅读任务

1. 查阅资料，找到"探究演练"中所列古诗文的出处、原文和释义，工整地写在批注栏内。

2. 阅读全文，对有感触的地方进行记录和小结，上课时和同学们一起分享。

扫码看原文

当语文遇到"大思政"

探究演练

一、古诗文批注

中华民族是历史悠久、饱经沧桑的古老民族,更是自强不息、朝气蓬勃的青春民族。在5000多年源远流长的文明历史中,中华民族始终有着"自古英雄出少年"的传统,始终有着"长江后浪推前浪"的情怀,始终有着"少年强则国强,少年进步则国进步"的信念,始终有着"希望寄托在你们身上"的期待。千百年来,青春的力量,青春的涌动,青春的创造,始终是推动中华民族勇毅前行、屹立于世界民族之林的磅礴力量!

1. 长江后浪推前浪。

出处:_____

原文:_____

释义:_____

2. 少年强则国强,少年进步则国进步。

出处:_____

原文:_____

释义:_____

"人生万事须自为,跬步江山即寥廓。"追求进步,是青年最宝贵的特质,也是党和人民最殷切的希望。新时代的广大共青团员,要做理想远大、信念坚定的模范,带头学习马克思主义理论,树立共产主义远大理想和中国特色社会主义共同理想,自觉践行社会主义核心价值观,大力弘扬爱国主义精神;要做刻苦学习、锐意创新的模范,带头立足岗位、苦练本领、创先争优,努力成为行业骨干、青年先锋;要做敢于斗争、善于斗争的模范,带头迎难而上、攻坚克难,做到不信邪、不怕鬼、骨头硬;要做艰苦奋斗、无私奉献的模范,带头站稳人民立场,脚踏实地、求真务实,吃苦在前、享受在后,甘于做一颗永不生锈的螺丝钉;要做崇德向善、严守纪律的模范,带头明大德、守公德、严私德,严格遵纪守法,严格履行团员义务。广大共青团员要认真接受政治训练、加强政治锻造、追求政治进步,积极向党组织靠拢,以成长为一名合格的共产党员为目标、为光荣。

3. 人生万事须自为,跬步江山即寥廓。

出处:＿＿＿＿＿＿＿＿＿＿＿＿＿＿＿＿＿＿＿＿＿＿＿＿＿

原文:＿＿＿＿＿＿＿＿＿＿＿＿＿＿＿＿＿＿＿＿＿＿＿＿＿

释义:＿＿＿＿＿＿＿＿＿＿＿＿＿＿＿＿＿＿＿＿＿＿＿＿＿

早在两千多年前,孔子就说:"后生可畏,焉知来者之不如今也?"青年之于党和国家而言,最值得爱护、最值得期待。青年犹如大地上茁壮成长的小树,总有一天会长成参天大树,撑起一片天。青年又如初升的朝阳,不断积聚着能量,总有一刻会把光和热洒满大地。党和国家的希望寄托在青年身上!

4. 后生可畏,焉知来者之不如今也?

出处:＿＿＿＿＿＿＿＿＿＿＿＿＿＿＿＿＿＿＿＿＿＿＿＿＿

原文:＿＿＿＿＿＿＿＿＿＿＿＿＿＿＿＿＿＿＿＿＿＿＿＿＿

释义:＿＿＿＿＿＿＿＿＿＿＿＿＿＿＿＿＿＿＿＿＿＿＿＿＿

二、整体阅读训练

1. 在庆祝中国共产党成立 100 周年大会上,共青团员、少先队员代表喊出"请党放心,强国有我"的青春誓言。这是新时代中国青少年应该有的样子,更是党的青年组织必须有的风貌。请问,作为新时代的少年,我们可以做些什么?

2. "一百年来，共青团坚定理想、矢志不渝，形成了宝贵经验。"在漫漫征途中，共青团塑造了怎样的形象？

3. 挑选讲话中令你最有感触的句子（至少一句），说说你认为习近平总书记引用此句的用意，联系自己的生活实际谈谈感受。

二、传承红色基因，坚定文化自信

6 用好红色资源 赓续红色血脉
努力创造无愧于历史和人民的新业绩

2021年6月25日

导读

这是习近平总书记2021年6月25日在十九届中央政治局第三十一次集体学习时的讲话。红色血脉是中国共产党政治本色的集中体现，是新时代中国共产党人的精神力量源泉。就像习近平总书记强调的："一切向前走，都不能忘记走过的路；走得再远、走到再光辉的未来，也不能忘记走过的过去，不能忘记为什么出发。"

阅读任务

1. 查阅资料，找到"探究演练"中所列古诗文的出处、原文和释义，工整地写在批注栏内。

2. 阅读全文，对有感触的地方进行记录和小结，上课时和同学们一起分享。

原文阅读

扫码看原文

探究演练

一、古诗文批注

教育引导全党始终坚持理想信念。我多次引用"革命理想高于天"来说明理想信念的重要性。我们党取名为"共产党",就是认定了共产主义这个远大理想。回望百年党史,千千万万共产党人为了理想信念不惜抛头颅、洒鲜血。

1. 革命理想高于天。

出处:＿＿＿＿＿＿＿＿＿＿＿＿＿＿＿＿＿＿＿＿＿＿＿＿＿＿＿

原文:＿＿＿＿＿＿＿＿＿＿＿＿＿＿＿＿＿＿＿＿＿＿＿＿＿＿＿

释义:＿＿＿＿＿＿＿＿＿＿＿＿＿＿＿＿＿＿＿＿＿＿＿＿＿＿＿

二、整体阅读训练

1. 深入开展党史学习教育,关键是要把握好哪五点原则?

2. 回望百年党史,千千万万共产党人为了理想信念不惜抛头颅、洒鲜血。李大钊、瞿秋白、邓小平等人都用自己的生命诠释着"革命理想高于天"。请你速读文章,摘抄2—3句革命先辈说的话。

3. "红色资源是我们党艰辛而辉煌奋斗历程的见证,是最宝贵的精神财富。"请结合文本,谈谈我们要如何保护好、管理好、运用好红色资源。

4. "红色是中国共产党、中华人民共和国最鲜亮的底色,在我国 960 多万平方公里的广袤大地上红色资源星罗棋布。"假如你是家乡红色旅游的小小宣传员,请你介绍家乡的红色旅游资源。

7 牢记初心使命，推进自我革命

2019 年 6 月 24 日

导读

本文是习近平总书记 2019 年 6 月 24 日在十九届中央政治局第十五次集体学习时的讲话。习近平总书记认为："做到不忘初心、牢记使命，并不是一件容易的事情，必须有强烈的自我革命精神。""一个忘记来路的民族必定是没有出路的民族，一个忘记初心的政党必定是没有未来的政党。"

阅读任务

1. 查阅资料，找到"探究演练"中所列古诗文的出处、原文和释义，工整地写在批注栏内。

2. 阅读全文，对有感触的地方进行记录和小结，上课时和同学们一起分享。

原文阅读

扫码看原文

探究演练

一、古诗文批注

古人说:"生于忧患,死于安乐。"我们党作为世界第一大党,没有什么外力能够打倒我们,能够打倒我们的只有我们自己。

1. 生于忧患,死于安乐。

　　出处:_____

　　原文:_____

　　释义:_____

古人说:"惟以改过为能,不以无过为贵。"应该看到,在长期执政条件下,各种弱化党的先进性、损害党的纯洁性的因素无时不有,各种违背初心和使命、动摇党的根基的危险无处不在,如果不严加防范、及时整治,久而久之,必将积重难返,小问题就会变成大问题、小管涌就会沦为大塌方,甚至可能酿成全局性、颠覆性的灾难。

2. 惟以改过为能,不以无过为贵。

　　出处:_____

　　原文:_____

　　释义:_____

不忘初心、牢记使命,说到底是要解决党内存在的违背初心和使命的各种问题,关键是要有正视问题的自觉和刀刃向内的勇气。无论什么时候,问题总是客观存在的,我们要以"君子检身,常若有过"的态度来检视发现自身不足,做到知耻而后勇。

3. 君子检身,常若有过。

　　出处:_____

　　原文:_____

　　释义:_____

古人说:"天下不能常治,有弊所当革也;犹人身不能常安,有疾所当治也。"治病救人,哪能不吃药,对那些顽症须下点猛药才行,对有病毒扩散风险的肿瘤还得动刀子。要在自我完善上下功夫,坚持补短板、强弱项、固根本，防源头、治苗头、打露头，堵塞制度漏洞，健全监督机制，提升党的长期执政能力。

4. 天下不能常治，有弊所当革也；犹人身不能常安，有疾所当治也。

出处：＿＿＿＿＿＿＿＿＿＿＿＿＿＿＿＿＿＿＿＿＿＿

原文：＿＿＿＿＿＿＿＿＿＿＿＿＿＿＿＿＿＿＿＿＿＿

释义：＿＿＿＿＿＿＿＿＿＿＿＿＿＿＿＿＿＿＿＿＿＿

就像人一样，身子弱了就要补，免疫力下降就要加强。如果不管不顾，身体就会每况愈下，到问题严重的时候就追悔莫及，正所谓"蚁穴不填，终将溃堤"。

5. 蚁穴不填，终将溃堤。

出处：＿＿＿＿＿＿＿＿＿＿＿＿＿＿＿＿＿＿＿＿＿＿

原文：＿＿＿＿＿＿＿＿＿＿＿＿＿＿＿＿＿＿＿＿＿＿

释义：＿＿＿＿＿＿＿＿＿＿＿＿＿＿＿＿＿＿＿＿＿＿

二、整体阅读训练

1. 我们党在那么弱小的情况下能够逐步发展壮大起来，在腥风血雨中能够一次次绝境重生，在攻坚克难中能够不断从胜利走向胜利，根本原因是什么？请你速读文章，写下来。

2. 牢记初心和使命，推进党的自我革命，要注意处理好哪四种关系？请你简要概括。

3. 讲话中提到"我们不但善于破坏一个旧世界，我们还将善于建设一个新世界"，曾子也曾说过："吾日三省吾身：为人谋而不忠乎？与朋友交而不信乎？传不习乎？"自我革新是一种重要的能力，请结合生活体验，分享你的经验，在班级"自省课"上进行分享（200字左右）。

8 努力成为可堪大用能担重任的栋梁之才

2021年9月1日

导读

青年是国家的希望，是国家的未来，他们的成长是需要关注的，所以习近平总书记在中央党校为他们做了专门的讲话。习近平总书记指出："大家生逢伟大时代，是党和国家事业发展的生力军，希望大家练好内功、提升修养、增强本领，不要走偏、不要落伍、不要掉队，努力成为可堪大用、能担重任的栋梁之才。"希望作为少年的我们，通过阅读本文，也可从中获取成长的力量。

阅读任务

1. 查阅资料，找到"探究演练"中所列古诗文的出处、原文和释义，工整地写在批注栏内。

2. 阅读全文，对有感触的地方进行记录和小结，上课时和同学们一起分享。

原文阅读

扫码看原文

> **探究演练**

一、古诗文批注

对共产党人来说,"好好先生"并不是真正的好人。奉行好人主义的人,没有公心、只有私心,没有正气、只有俗气,以为"坚持原则是非多、碰到硬茬麻烦多、平平稳稳好处多、拉拉扯扯朋友多"。自古以来,人们就对这种人嗤之以鼻。孔子说:"乡愿,德之贼也。"就是说那些不分是非、不得罪乡里的"好好先生",其实是破坏道德的人。孟子认为这种人"同乎流俗,合乎污世"。《红楼梦》里则以一句"又要自己便宜,又要不得罪了人",把这种人刻画得入木三分。奉行好人主义,出发点就有问题,因为好的是自己,坏的是风气、是事业。

1. 乡愿,德之贼也。

   出处:＿＿＿＿＿＿＿＿＿＿＿＿＿＿＿＿＿＿＿＿＿＿＿

   原文:＿＿＿＿＿＿＿＿＿＿＿＿＿＿＿＿＿＿＿＿＿＿＿

   释义:＿＿＿＿＿＿＿＿＿＿＿＿＿＿＿＿＿＿＿＿＿＿＿

2. 同乎流俗,合乎污世。

   出处:＿＿＿＿＿＿＿＿＿＿＿＿＿＿＿＿＿＿＿＿＿＿＿

   原文:＿＿＿＿＿＿＿＿＿＿＿＿＿＿＿＿＿＿＿＿＿＿＿

   释义:＿＿＿＿＿＿＿＿＿＿＿＿＿＿＿＿＿＿＿＿＿＿＿

勤学苦练、增强本领。"褚小者不可以怀大,绠短者不可以汲深。"我们处在前所未有的变革时代,干着前无古人的伟大事业,如果知识不够、眼界不宽、能力不强,就会耽误事。

3. 褚(zhǔ)小者不可以怀大,绠(gěng)短者不可以汲深。

   出处:＿＿＿＿＿＿＿＿＿＿＿＿＿＿＿＿＿＿＿＿＿＿＿

   原文:＿＿＿＿＿＿＿＿＿＿＿＿＿＿＿＿＿＿＿＿＿＿＿

   释义:＿＿＿＿＿＿＿＿＿＿＿＿＿＿＿＿＿＿＿＿＿＿＿

许多从战争年代走来的老一辈革命家也都是在实践中成长为经济、科技、外交等领域的行家里手的。"学所以益才也,砺所以致刃也。"有同志经过一番实践历练后说了一句话,越干越会干、越干越能干、越干越想干。

4. 学所以益才也，砺所以致刃也。

出处：＿＿＿＿＿＿＿＿＿＿＿＿＿＿＿＿＿＿＿＿＿＿＿＿＿＿＿

原文：＿＿＿＿＿＿＿＿＿＿＿＿＿＿＿＿＿＿＿＿＿＿＿＿＿＿＿

释义：＿＿＿＿＿＿＿＿＿＿＿＿＿＿＿＿＿＿＿＿＿＿＿＿＿＿＿

二、整体阅读训练

1. 请概括习近平总书记对中青班的学员们提出的要求。

2. 文中提到了《红岩》《觉醒时代》等多种类型的作品，请挑选你最感兴趣的一个作品片段进行概括，要求语言流畅，不少于70字。

3. 请结合文章内容和生活实际，谈谈你对"实践出真知，实践长真才"的理解。

9 弘扬"红船精神" 走在时代前列

2005年6月21日

导读

2005年6月21日，时任浙江省委书记的习近平同志在《光明日报》发表文章《弘扬"红船精神" 走在时代前列》，首次提出并阐释了"红船精神"，阐述了中国共产党的源头精神。2017年10月31日，党的十九大闭幕仅一周，习近平总书记带领新一届中共中央政治局常委专程前往上海和浙江嘉兴，瞻仰中共一大会址和嘉兴红船，回顾建党历史，重温入党誓词，宣示新一届党中央领导集体的坚定政治信念。

红船劈波行，精神聚人心。红船精神所昭示的是永不褪色的精神丰碑。2017年12月1日《解放军报》等报刊重新刊发习近平总书记当年的这篇重要文章，旨在不忘初心、牢记使命，重温红船精神，坚定理想信念，进一步推动党的十九大精神学习宣传贯彻，为实现党的十九大提出的奋斗目标、实现中华民族伟大复兴的中国梦提供强大精神动力。

阅读任务

1. 查阅资料，找到"探究演练"中所列古诗文的出处、原文和释义，工整地写在批注栏内。

2. 阅读全文，对有感触的地方进行记录和小结，上课时和同学们一起分享。

原文阅读

扫码看原文

探究演练

一、古诗文批注

"红船精神"昭示我们,逆水行舟,不进则退。面对我们的基本国情和我们党的历史使命,没有坚定的理想和必胜的信念,没有不畏艰辛、励精图治的精神状态和艰苦奋斗、顽强拼搏的作风,就难以克服前进道路上的重重困难,难以战胜前进道路上的风险和挑战。

1. 逆水行舟,不进则退。

出处:_____

原文:_____

释义:_____

"红船精神"昭示我们,党和人民的关系就好比舟和水的关系,"水可载舟,亦可覆舟"。革命战争年代,正是在"红船精神"引领下,我们党从民族大义和人民群众的根本利益出发,充分发动并紧紧依靠人民群众夺取了政权,从此成为在全国掌握政权并长期执政的执政党。

2. 水可载舟,亦可覆舟。

出处:_____

原文:_____

释义:_____

二、整体阅读训练

1. 请结合文章内容,概括"红船精神"。

2. 文章是如何写"红船精神"对党的先进性建设具有重要意义的？请找一找并加以概括。

3. 作为青少年的我们，在日常的学习生活中可以如何发挥"红船精神"呢？请结合你的生活体验，谈谈看法。

4. "红船精神"同井冈山精神、长征精神、延安精神、西柏坡精神等一道，伴随中国革命的光辉历程，共同构成我们党在前进道路上战胜各种困难和风险、不断夺取新胜利的强大精神力量和宝贵精神财富。

搜集资料，结合生活实际，就文中提及的井冈山精神、长征精神、延安精神、西柏坡精神，谈谈你的感悟。（选择一种精神即可）

10 一个国家、一个民族不能没有灵魂

2019年3月4日

导读

　　一切有价值、有意义的文艺创作和学术研究，都应该反映现实、观照现实，都应该有利于解决现实问题、回答现实课题。纵观古今，中国文坛上涌现过许多令人印象深刻的作品，大家此刻脑海中会浮现出哪些呢？希望同学们可以通过阅读本文，更加了解文学创作的意义，在今后的学习生活中也尝试走出属于自己的文学创作之路。

阅读任务

　　1. 查阅资料，找到"探究演练"中所列古诗文的出处、原文和释义，工整地写在批注栏内。

　　2. 阅读全文，对有感触的地方进行记录和小结，上课时和同学们一起分享。

原文阅读

扫码看原文

探究演练

一、古诗文批注

希望大家坚持与时代同步伐。古人讲:"文章合为时而著,歌诗合为事而作。"所谓"为时""为事",就是要发时代之先声,在时代发展中有所作为。

1. 文章合为时而著,歌诗合为事而作。

出处:＿＿＿＿＿＿＿＿＿＿＿＿＿＿＿＿＿＿＿＿＿＿＿＿＿＿

原文:＿＿＿＿＿＿＿＿＿＿＿＿＿＿＿＿＿＿＿＿＿＿＿＿＿＿

释义:＿＿＿＿＿＿＿＿＿＿＿＿＿＿＿＿＿＿＿＿＿＿＿＿＿＿

希望大家坚持以人民为中心。人民是历史的创造者。一切成就都归功于人民,一切荣耀都归属于人民。面向未来,要战胜前进道路上的种种风险挑战,顺利实现中共十九大描绘的宏伟蓝图,必须紧紧依靠人民。正所谓"大鹏之动,非一羽之轻也;骐骥之速,非一足之力也"。中国要飞得高、跑得快,就得汇集和激发近14亿人民的磅礴力量。

2. 大鹏之动,非一羽之轻也;骐骥之速,非一足之力也。

出处:＿＿＿＿＿＿＿＿＿＿＿＿＿＿＿＿＿＿＿＿＿＿＿＿＿＿

原文:＿＿＿＿＿＿＿＿＿＿＿＿＿＿＿＿＿＿＿＿＿＿＿＿＿＿

释义:＿＿＿＿＿＿＿＿＿＿＿＿＿＿＿＿＿＿＿＿＿＿＿＿＿＿

希望大家坚持用明德引领风尚。《左传》讲"太上有立德,其次有立功,其次有立言",立德是最高的境界。文化文艺工作者、哲学社会科学工作者都肩负着启迪思想、陶冶情操、温润心灵的重要职责,承担着以文化人、以文育人、以文培元的使命。大家社会影响力大,理应以高远志向、良好品德、高尚情操为社会作出表率。

3. 太上有立德,其次有立功,其次有立言。

出处:＿＿＿＿＿＿＿＿＿＿＿＿＿＿＿＿＿＿＿＿＿＿＿＿＿＿

原文:＿＿＿＿＿＿＿＿＿＿＿＿＿＿＿＿＿＿＿＿＿＿＿＿＿＿

释义:＿＿＿＿＿＿＿＿＿＿＿＿＿＿＿＿＿＿＿＿＿＿＿＿＿＿

要自觉践行社会主义核心价值观，在市场经济大潮面前自尊自重、自珍自爱，讲品位、讲格调、讲责任，抵制低俗庸俗媚俗。良好职业道德体现在执着坚守上，要有"望尽天涯路"的追求，耐得住"昨夜西风凋碧树"的清冷和"独上高楼"的寂寞，最后达到"蓦然回首，那人却在，灯火阑珊处"的领悟。

4. 望尽天涯路。

出处：_____

原文：_____

释义：_____

5. 昨夜西风凋碧树。

出处：_____

原文：_____

释义：_____

6. 独上高楼。

出处：_____

原文：_____

释义：_____

7. 蓦然回首，那人却在，灯火阑珊处。

出处：_____

原文：_____

释义：_____

二、整体阅读训练

1. 党中央为什么一直高度重视文化文艺事业、哲学社会科学事业？请根据文章内容进行概括。

2. 习近平总书记对做好新形势下文化文艺工作、哲学社会科学工作提出了哪些意见？请加以概括。

3. 在这篇讲话中，习近平总书记提到了许多古代经典作品，如《孟子》《左传》《道德经》等，请选取你最感兴趣的一个片段或一首诗词，结合文章内容，谈谈文学带给你的影响。

4. 请模仿文章中用诗歌来串联的写作方法，以"春"为话题，合理运用古诗词，写一段不少于80字的话。

示例：良好职业道德体现在执着坚守上，要有"望尽天涯路"的追求，耐得住"昨夜西风凋碧树"的清冷和"独上高楼"的寂寞，最后达到"蓦然回首，那人却在，灯火阑珊处"的领悟。

三、感悟名人风范，争做时代新人

11 在纪念孙中山先生诞辰 150 周年大会上的讲话
2016 年 11 月 11 日

导读

　　1911 年，在孙中山先生的领导和影响下，震惊世界的辛亥革命取得成功，推翻了清王朝统治，结束了统治中国几千年的君主专制制度。习近平总书记指出，辛亥革命"打开了中国进步闸门，传播了民主共和理念，极大推动了中华民族思想解放，以巨大的震撼力和影响力推动了中国社会变革"。纪念孙中山先生诞辰 150 周年大会于 2016 年 11 月 11 日在北京人民大会堂隆重举行，习近平总书记出席大会并发表重要讲话。

阅读任务

　　1. 查阅资料，找到"探究演练"中所列古诗文的出处、原文和释义，工整地写在批注栏内。
　　2. 阅读全文，对有感触的地方进行记录和小结，上课时和同学们一起分享。

原文阅读

扫码看原文

探究演练

一、古诗文批注

孙中山先生具有高度的民族自尊和民族自信,不泥古、不守旧,不崇洋、不媚外,强调"中国的社会既然是和欧美的不同,所以管理社会的政治自然也是和欧美不同""发展之权,操之在我则存,操之在人则亡"。他从坎坷人生经历和长期斗争实践中得出一个道理,就是改造中国必须从中国实际出发,走适合中国国情的道路。

1. 发展之权,操之在我则存,操之在人则亡。

出处:＿＿＿＿＿＿＿＿＿＿＿＿＿＿＿＿＿＿＿＿＿＿

原文:＿＿＿＿＿＿＿＿＿＿＿＿＿＿＿＿＿＿＿＿＿＿

释义:＿＿＿＿＿＿＿＿＿＿＿＿＿＿＿＿＿＿＿＿＿＿

二、整体阅读训练

1. 毛泽东同志把三民主义纲领、统一战线政策、艰苦奋斗精神并称为孙中山先生"留给我们的最中心最本质最伟大的遗产",是"对于中华民族最伟大的贡献"。请结合文章,概括孙中山先生的贡献。

2. 讲话要逻辑严密，简洁精练。请你仿照下列句式，试着仿写一例。

世界上没有一个民族能够亦步亦趋走别人的道路实现自己的发展振兴，也没有一种一成不变的道路可以引导所有民族实现发展振兴；一切成功发展振兴的民族，都是找到了适合自己实际的道路的民族。

3. 挑选文中令你最有感触的引文，说说你认为习近平总书记引用此句的用意，联系自己的生活实际谈谈感受。

12 在纪念毛泽东同志诞辰130周年座谈会上的讲话

2023年12月26日

导读

"忆往昔峥嵘岁月稠。"以毛泽东同志为核心的第一代中央领导集体领导中国人民抵御外敌入侵，反抗阶级压迫，建立新中国，迎来了新生活的曙光。习近平总书记在纪念毛泽东同志诞辰130周年座谈会上发表讲话，呼吁全党全国各族人民更加紧密地团结起来，以中国式现代化全面推进强国建设、实现民族复兴伟业！

阅读任务

1. 查阅资料，找到"探究演练"中所列古诗文的出处、原文和释义，工整地写在批注栏内。

2. 阅读全文，对有感触的地方进行记录和小结，上课时和同学们一起分享。

原文阅读

扫码看原文

探究演练

一、古诗文批注

青年时代，毛泽东同志就以"自信人生二百年，会当水击三千里"的壮志豪情，立下拯救民族于危难的远大志向，投身救国救民的伟大事业。

1. 自信人生二百年，会当水击三千里。

出处：_____

原文：_____

释义：_____

二、整体阅读训练

1. 结合文本及所学知识，谈谈毛泽东同志所生活年代的社会历史背景。

2. 结合文本，谈谈毛泽东同志在革命和建设长期实践中主要做了哪些贡献。

3. 结合所学知识，查阅相关资料，积累并分享其中一个有关毛泽东同志的事迹。

4. 通过该讲话稿，相信你对毛泽东同志的历史功绩有了更加深刻的认识。请结合文本，给毛泽东同志写一段感谢的话，用于主题班会课发言。（不少于100字）

13 在纪念周恩来同志诞辰 120 周年座谈会上的讲话

2018 年 3 月 1 日

导读

2018 年 3 月 1 日，习近平总书记在纪念周恩来同志诞辰 120 周年座谈会上，回顾了周恩来同志一生为党为人民作出的丰功伟绩，特别提到周恩来同志年少的时候面对国家危难和人民困苦就立下了"险夷不变应尝胆，道义争担敢息肩"的誓言。

习近平总书记特别指出，周恩来同志半个多世纪奋斗的人生历程是中国共产党不忘初心、牢记使命的一个生动缩影。周恩来同志以自己的实际行动实践了这些自我革命、永远奋斗的誓言。在中国特色社会主义新时代，我们要向周恩来同志学习，敢于担当责任，勇于直面矛盾，善于解决问题，以时不我待、只争朝夕的精神，努力创造经得起实践、人民、历史检验的实绩，无愧于时代，无愧于人民，无愧于历史。

阅读任务

1. 查阅资料，找到"探究演练"中所列古诗文的出处、原文和释义，工整地写在批注栏内。

2. 阅读全文，对有感触的地方进行记录和小结，上课时和同学们一起分享。

原文阅读

扫码看原文

探究演练

一、古诗文批注

面对国家危难和人民困苦，周恩来同志决心"为了中华之崛起"而读书，誓言"险夷不变应尝胆，道义争担敢息肩"，立下"面壁十年图破壁"的远大志向。

1. 险夷不变应尝胆，道义争担敢息肩。

   出处：＿＿＿＿＿＿＿＿＿＿＿＿＿＿＿＿＿＿＿＿＿＿＿＿＿＿＿

   原文：＿＿＿＿＿＿＿＿＿＿＿＿＿＿＿＿＿＿＿＿＿＿＿＿＿＿＿

   释义：＿＿＿＿＿＿＿＿＿＿＿＿＿＿＿＿＿＿＿＿＿＿＿＿＿＿＿

2. 面壁十年图破壁。

   出处：＿＿＿＿＿＿＿＿＿＿＿＿＿＿＿＿＿＿＿＿＿＿＿＿＿＿＿

   原文：＿＿＿＿＿＿＿＿＿＿＿＿＿＿＿＿＿＿＿＿＿＿＿＿＿＿＿

   释义：＿＿＿＿＿＿＿＿＿＿＿＿＿＿＿＿＿＿＿＿＿＿＿＿＿＿＿

周恩来同志是严于律己、清正廉洁的杰出楷模。"海纳百川，有容乃大；壁立千仞，无欲则刚。"周恩来同志就是这样的人。周恩来同志毕生严于律己、艰苦朴素，只求奉献、不思回报。

3. 海纳百川，有容乃大；壁立千仞，无欲则刚。

   出处：＿＿＿＿＿＿＿＿＿＿＿＿＿＿＿＿＿＿＿＿＿＿＿＿＿＿＿

   原文：＿＿＿＿＿＿＿＿＿＿＿＿＿＿＿＿＿＿＿＿＿＿＿＿＿＿＿

   释义：＿＿＿＿＿＿＿＿＿＿＿＿＿＿＿＿＿＿＿＿＿＿＿＿＿＿＿

周恩来同志身后没有留下任何个人财产，连自己的骨灰也不让保留，撒进祖国的江海大地。"大贤秉高鉴，公烛无私光。"周恩来同志一生心底无私、天下为公的高尚人格，是中华民族传统美德和中国共产党人优秀品德的集中写照，永远为后世景仰。

4. 大贤秉高鉴，公烛无私光。

   出处：＿＿＿＿＿＿＿＿＿＿＿＿＿＿＿＿＿＿＿＿＿＿＿＿＿＿＿

   原文：＿＿＿＿＿＿＿＿＿＿＿＿＿＿＿＿＿＿＿＿＿＿＿＿＿＿＿

   释义：＿＿＿＿＿＿＿＿＿＿＿＿＿＿＿＿＿＿＿＿＿＿＿＿＿＿＿

二、整体阅读训练

1. 通过习近平总书记的这篇讲话稿，相信同学们都被周恩来总理的伟大人格深深折服。请你再次阅读本篇文章的 1—10 段，概括周恩来总理的生平事迹，完成下面这份表格的内容。

时　期	事　迹
青少年时期	

2. 根据讲话内容，说说周恩来总理身上展现出中国共产党人的哪些崇高精神。

3. 通过搜索资源，请你找出周恩来总理写过的其他诗文，读一读并摘抄下来，写下你的感受。

诗文内容	你的感受

4. 周恩来总理曾说："愿相会于中华腾飞世界时。"作为当代青少年，假如我们穿越时光与周总理相会，你会对周总理说些什么？请你写一写。

14 在纪念朱德同志诞辰 130 周年座谈会上的讲话

2016 年 11 月 29 日

导读

2016 年 11 月 29 日，中共中央举行纪念朱德同志诞辰 130 周年座谈会。座谈会上，习近平总书记发表重要讲话。习近平总书记在讲话中对朱德同志的贡献进行了肯定，指出："朱德同志在近 70 年的革命生涯中，为中国革命成功、为中国人民解放事业立下了丰功伟绩，为我国社会主义革命和建设事业建立了不朽功勋，深受全党全军全国各族人民爱戴和崇敬。""朱德同志在毕生奋斗中表现出来的思想品德和精神风范，是党和人民的宝贵精神财富。"

阅读任务

1. 查阅资料，找到"探究演练"中所列古诗文的出处、原文和释义，工整地写在批注栏内。

2. 阅读全文，对有感触的地方进行记录和小结，上课时和同学们一起分享。

原文阅读

扫码看原文

探究演练

一、古诗文批注

早在青年时期,他就表达了"祖国安危人有责,冲天壮志付飞鹏"的远大志向。1909年,他离开家乡远赴昆明云南陆军讲武堂求学前,又立下"志士恨无穷,孤身走西东。投笔从戎去,刷新旧国风"的誓言。他加入孙中山先生领导的同盟会,积极投身于推翻清朝封建统治的辛亥革命,参加了护国战争和护法战争,成为滇军名将。

1. 祖国安危人有责,冲天壮志付飞鹏。

出处:＿＿＿＿＿＿＿＿＿＿＿＿＿＿＿＿＿＿＿＿＿＿＿＿＿＿

原文:＿＿＿＿＿＿＿＿＿＿＿＿＿＿＿＿＿＿＿＿＿＿＿＿＿＿

释义:＿＿＿＿＿＿＿＿＿＿＿＿＿＿＿＿＿＿＿＿＿＿＿＿＿＿

朱德同志目睹军阀混战使国家陷入"四野萧萧风雨急,中原黯黯鬼神愁"的悲惨境地,认识到资产阶级领导的旧民主主义革命无法解决中华民族出路问题。他从俄国十月革命和中国五四运动中看到了希望的曙光,毅然拒绝高官厚禄的诱惑,先到上海、北京,后又远渡重洋,执着寻找救国救民的真理。1922年,在马克思的故乡德国,朱德同志参加中国共产党,从此走上革命道路,把自己的一切奉献给了共产主义崇高事业。

2. 四野萧萧风雨急,中原黯黯鬼神愁。

出处:＿＿＿＿＿＿＿＿＿＿＿＿＿＿＿＿＿＿＿＿＿＿＿＿＿＿

原文:＿＿＿＿＿＿＿＿＿＿＿＿＿＿＿＿＿＿＿＿＿＿＿＿＿＿

释义:＿＿＿＿＿＿＿＿＿＿＿＿＿＿＿＿＿＿＿＿＿＿＿＿＿＿

人民立场是党的根本政治立场,全心全意为人民服务是党的根本宗旨,党同人民风雨同舟、生死与共是党战胜一切困难和风险的根本保证,同人民打成一片是我们永远保持艰苦朴素作风的重要保证。"天视自我民视,天听自我民听。"今天,全党同志无论职位高低,都要把人民拥护不拥护、赞成不赞成、高兴不高兴、答应不答应作为衡量一切工作得失的根本标准。

3. 天视自我民视,天听自我民听。

出处:＿＿＿＿＿＿＿＿＿＿＿＿＿＿＿＿＿＿＿＿＿＿＿＿＿＿

原文：_____

释义：_____

二、整体阅读训练

1. 在青年时期，朱德同志就表达了"祖国安危人有责，冲天壮志付飞鹏"的远大志向。1909年，他离开家乡远赴云南陆军讲武堂求学前，又立下"志士恨无穷，孤身走西东。投笔（　　）去，刷新旧国风"的誓言。

　　A. 报国　　　B. 从军　　　C. 从戎　　　D. 杀敌

2. 习近平总书记发表重要讲话，深切缅怀朱德同志为民族独立和人民解放、国家富强和人民幸福建立的不朽功勋。请完成下面表格。

不同历史时期	不朽功勋
旧民主主义革命时期	
新民主主义革命时期	
新中国成立后	

3. 习近平总书记强调:"朱德同志在毕生奋斗中表现出来的思想品德和精神风范,是党和人民的宝贵精神财富。"讲话对朱德同志的革命品格从五个方面作了概括和精辟阐述。请概括出来。

4. 习近平总书记指出:"实现中华民族伟大复兴,是朱德同志等老一辈革命家和千千万万革命先辈毕生奋斗追求的目标。"每一代人都有每一代人的长征路。在实现中华民族伟大复兴中国梦的新征程上,我们应该怎么做?

15 做焦裕禄式的县委书记

2015年1月12日

导读

习近平总书记2015年1月12日上午在京主持召开座谈会，同中央党校第一期县委书记研修班学员进行座谈并发表重要讲话，深刻回答了县委书记为什么是"一线总指挥"、做什么样的"一线总指挥"和怎样当好"一线总指挥"问题。他强调，县级政权所承担的责任越来越大，尤其是在全面建成小康社会、全面深化改革、全面依法治国、全面从严治党进程中起着重要作用。焦裕禄同志以自己的实际行动塑造了一个优秀共产党员和优秀县委书记的光辉形象。做县委书记就要做焦裕禄式的县委书记，始终做到心中有党、心中有民、心中有责、心中有戒。

阅读任务

1. 查阅资料，找到"探究演练"中所列古诗文的出处、原文和释义，工整地写在批注栏内。

2. 阅读全文，对有感触的地方进行记录和小结，上课时和同学们一起分享。

原文阅读

扫码看原文

探究演练

一、古诗文批注

历朝历代都高度重视县级官员选拔任用。古人早就总结出"宰相起于州部，猛将发于卒伍"这一历史现象。历史上，许多名人志士为官从政是从县一级起步的。

1. 宰相起于州部，猛将发于卒伍。

出处：＿＿＿＿＿＿＿＿＿＿＿＿＿＿＿＿＿＿＿＿＿＿＿＿＿

原文：＿＿＿＿＿＿＿＿＿＿＿＿＿＿＿＿＿＿＿＿＿＿＿＿＿

释义：＿＿＿＿＿＿＿＿＿＿＿＿＿＿＿＿＿＿＿＿＿＿＿＿＿

县委是我们党执政兴国的"一线指挥部"，县委书记就是"一线总指挥"。对党忠诚，是县委书记的重要标准。衡量一个县委书记当得怎么样，可以讲很多条，但主要看这一条。"善莫大于作忠。"

2. 善莫大于作忠。

出处：＿＿＿＿＿＿＿＿＿＿＿＿＿＿＿＿＿＿＿＿＿＿＿＿＿

原文：＿＿＿＿＿＿＿＿＿＿＿＿＿＿＿＿＿＿＿＿＿＿＿＿＿

释义：＿＿＿＿＿＿＿＿＿＿＿＿＿＿＿＿＿＿＿＿＿＿＿＿＿

但是，干事创业一定要树立正确政绩观，做到"民之所好好之，民之所恶恶之"。要求真务实、真抓实干，做工作自觉从人民利益出发，决不能为了树立个人形象，搞华而不实、劳民伤财的"形象工程""政绩工程"。

3. 民之所好好之，民之所恶恶之。

出处：＿＿＿＿＿＿＿＿＿＿＿＿＿＿＿＿＿＿＿＿＿＿＿＿＿

原文：＿＿＿＿＿＿＿＿＿＿＿＿＿＿＿＿＿＿＿＿＿＿＿＿＿

释义：＿＿＿＿＿＿＿＿＿＿＿＿＿＿＿＿＿＿＿＿＿＿＿＿＿

县委书记作为县里的权力人物和公众人物，要注意道德操守，道德上失足有时比某些工作失误杀伤力还要大。我国古代就要求县令"导扬风化"。要自觉弘扬和践行社会主义核心价值观，加强道德修养，追求健康情趣，慎重对待朋友交往，时刻检点自己生活的方方面面，引导全县形成健康向上的社会风尚。要不断体会和弘扬先人传承下来的传统美德，如"大道之行也，天下为公""不义而富且贵，于我如浮云""君子喻于义""言必信，行必果""德不孤，必有邻""人而无信，不知其可也"，等等，为为人处世、安身立命提供重要启示。

4. 大道之行也，天下为公。

　　出处：_____

　　原文：_____

　　释义：_____

5. 不义而富且贵，于我如浮云。

　　出处：_____

　　原文：_____

　　释义：_____

6. 君子喻于义。

　　出处：_____

　　原文：_____

　　释义：_____

7. 言必信，行必果。

　　出处：_____

　　原文：_____

　　释义：_____

8. 德不孤，必有邻。

　　出处：_____

　　原文：_____

　　释义：_____

9. 人而无信，不知其可也。

　　出处：_____

　　原文：_____

　　释义：_____

二、整体阅读训练

1. 县委书记为什么是"一线总指挥"？

2. 怎样做焦裕禄式的县委书记？

3. 为什么说"当好县委书记，必须始终做到心中有戒"？

4. 原任云南保山地委书记的杨善洲，已于2010年10月因病逝世。他从事革命工作近40年，两袖清风，清廉履职，忘我工作，一心为民。1988年退休后，他主动带领大家植树造林5.6万亩。去世前，他把当地20万元特别贡献奖全部捐出，把价值3亿元的林场也无偿上缴给国家。

2011年度感动中国组委会授予杨善洲的颁奖辞：绿了荒山，白了头发，他志在造福百姓；老骥伏枥，意气风发，他心向未来。清廉，自上任时起；奉献，直到最后一天。六十年里的一切作为，就是为了不辜负人民的期望。

20世纪五六十年代，福建省东山县县委书记谷文昌一心一意为老百姓办事。他去世后，当地老百姓逢年过节是"先祭谷公，后拜祖宗"。请查阅谷文昌事迹，为他写一段颁奖辞。

四、坚定理想信念，勇担时代责任

16 在知识分子、劳动模范、青年代表座谈会上的讲话
2016年4月26日

导读

2016年4月26日，习近平总书记在安徽合肥主持召开知识分子、劳动模范、青年代表座谈会并发表重要讲话。习近平总书记的讲话引起强烈反响。广大知识分子、劳动者和青年纷纷表示，紧跟时代、肩负使命、锐意进取，将自身的前途命运深深融入国家和民族的前途命运之中；众志成城、万众一心，凝聚最广泛的智慧和力量，为全面建成小康社会、实现中华民族伟大复兴的中国梦接续奋斗。

阅读任务

1. 查阅资料，找到"探究演练"中所列古诗文的出处、原文和释义，工整地写在批注栏内。

2. 阅读全文，对有感触的地方进行记录和小结，上课时和同学们一起分享。

原文阅读

扫码看原文

四、坚定理想信念，勇担时代责任

探究演练

一、古诗文批注

"修身齐家治国平天下""为天地立心、为生民立命、为往圣继绝学、为万世开太平""先天下之忧而忧，后天下之乐而乐"，这些思想为一代又一代知识分子所尊崇。现在，党和人民更加需要广大知识分子发扬这样的担当精神。这是一份沉甸甸的责任。

1. 先天下之忧而忧，后天下之乐而乐。

出处：_____

原文：_____

释义：_____

要坚持艰苦奋斗，不贪图安逸，不惧怕困难，不怨天尤人，依靠勤劳和汗水开辟人生和事业前程。"看似寻常最奇崛，成如容易却艰辛。"青年的人生之路很长，前进途中，有平川也有高山，有缓流也有险滩，有丽日也有风雨，有喜悦也有哀伤。

2. 看似寻常最奇崛，成如容易却艰辛。

出处：_____

原文：_____

释义：_____

广大青年要如饥似渴、孜孜不倦学习，既多读有字之书，也多读无字之书，注重学习人生经验和社会知识。"纸上得来终觉浅，绝知此事要躬行。"所有知识要转化为能力，都必须躬身实践。

3. 纸上得来终觉浅，绝知此事要躬行。

出处：_____

原文：_____

释义：_____

广大青年要保持初生牛犊不怕虎的劲头，不懂就学，不会就练，没有条件就努力创造条件。"志之所趋，无远弗届，穷山距海，不能限也。"对想做爱做的事要敢试敢为，努力从无到有、从小到大，把理想变为现实。

4. 志之所趋，无远弗届，穷山距海，不能限也。

出处：＿＿＿＿＿＿＿＿＿＿＿＿＿＿＿＿＿＿＿＿＿＿＿＿＿＿

原文：＿＿＿＿＿＿＿＿＿＿＿＿＿＿＿＿＿＿＿＿＿＿＿＿＿＿

释义：＿＿＿＿＿＿＿＿＿＿＿＿＿＿＿＿＿＿＿＿＿＿＿＿＿＿

二、整体阅读训练

1. 习近平总书记在讲话中对知识分子、劳动群众和广大青年分别提出了一些要求，请你概括出来。

对知识分子的要求	
对劳动群众的要求	
对广大青年的要求	

2. 习近平总书记在讲话中提到的"劳模精神"有哪些内涵？你知道哪些劳动模范？请你简述他的事迹。

"劳模精神"是指：＿＿＿＿＿＿＿＿＿＿＿＿＿＿＿＿＿＿＿＿

＿＿＿＿＿＿＿＿＿＿＿＿＿＿＿＿＿＿＿＿＿＿＿＿＿＿＿＿＿＿

我知道的劳动模范有：＿＿＿＿＿＿＿＿＿＿＿＿＿＿＿＿＿＿

他的事迹：

3. "先天下之忧而忧，后天下之乐而乐"出自范仲淹的《岳阳楼记》，他将个人喜忧与国家命运联系在一起。有人说这是领导者才需要关注的事情，普通人没有必要这样做，你认同这个观点吗？为什么？

4. 习近平总书记在讲话中提到广大青年"既要读有字之书，也要读无字之书"，请你结合讲话内容说说什么是"有字之书"，什么是"无字之书"，说说总书记的这句话向我们传达了什么信息。

17 在同各界优秀青年代表座谈时的讲话

2013 年 5 月 4 日

导 读

15 岁,知青下乡,陕北插队;22 岁,走出窑洞,清华求学;26 岁,大学毕业,在京工作;28 岁,主动申请,来到基层;32 岁,离开正定,厦门履新……

习近平总书记的青春成长故事常被提起。有青年感慨:"总书记是我们的学习榜样和人生导师,他的个人成长经历为我们的学习成长带来无尽动力。"

以强者的勇气面对逆境和挫折,迎难而上、越挫越勇;以开拓者的锐意突破藩篱、积极进取;以实干家的态度立足本职、勇于担当。这便是习近平总书记为广大青年朋友树立的榜样。

阅读任务

1. 查阅资料,找到"探究演练"中所列古诗文的出处、原文和释义,工整地写在批注栏内。

2. 阅读全文,对有感触的地方进行记录和小结,上课时和同学们一起分享。

原文阅读

扫码看原文

探究演练

一、古诗文批注

"功崇惟志，业广惟勤。"理想指引人生方向，信念决定事业成败。没有理想信念，就会导致精神上"缺钙"。

1. 功崇惟志，业广惟勤。

   出处：_____

   原文：_____

   释义：_____

古人说："学如弓弩，才如箭镞。"说的是学问的根基好比弓弩，才能好比箭头，只要依靠厚实的见识来引导，就可以让才能很好发挥作用。

2. 学如弓弩，才如箭镞。

   出处：_____

   原文：_____

   释义：_____

创新是民族进步的灵魂，是一个国家兴旺发达的不竭源泉，也是中华民族最深沉的民族禀赋，正所谓"苟日新，日日新，又日新"。

3. 苟日新，日日新，又日新。

   出处：_____

   原文：_____

   释义：_____

"宝剑锋从磨砺出，梅花香自苦寒来。"人类的美好理想，都不可能唾手可得，都离不开筚路蓝缕、手胼足胝的艰苦奋斗。

4. 宝剑锋从磨砺出，梅花香自苦寒来。

   出处：_____

   原文：_____

   释义：_____

要牢记"从善如登，从恶如崩"的道理，始终保持积极的人生态度、良好的道德品质、健康的生活情趣。

5. 从善如登，从恶如崩。

出处：_____

原文：_____

释义：_____

二、整体阅读训练

1. "近代以来，我国青年不懈追求的美好梦想，始终与振兴中华的历史进程紧密相联。"此段运用了什么论证方法？这种论证方法有什么作用？

2. 在讲话中，习近平总书记告诉广大青年要如何实现中华民族伟大复兴的中国梦？请你阅读文本进行概括。

3. 讲话中提到："现在，青春是用来奋斗的；将来，青春是用来回忆的。"结合讲话内容，谈谈你对这句话的理解。

4. "我国青年不懈追求的美好梦想，始终与振兴中华的历史进程紧密相联。"你能举一个青年追求梦想、振兴中华的例子吗？

18 青年要自觉践行社会主义核心价值观
——在北京大学师生座谈会上的讲话
2014 年 5 月 4 日

导读

社会主义核心价值观是从国家、社会、公民三个层面提出的价值要求，传承着中华优秀传统文化的基因，寄托着近代以来中国人民上下求索、历经千辛万苦确立的理想和信念，也承载着我们每个人的美好愿景。在北京大学师生座谈会上，习近平总书记对社会主义核心价值观进行了深刻的阐释，呼吁青年要把握青春年华，踔厉奋发，自觉践行社会主义核心价值观，在时代大潮中建功立业，成就自己的宝贵人生。

阅读任务

1. 查阅资料，找到"探究演练"中所列古诗文的出处、原文和释义，工整地写在批注栏内。

2. 阅读全文，对有感触的地方进行记录和小结，上课时和同学们一起分享。

原文阅读

扫码看原文

探究演练

一、古诗文批注

我国古人说："非学无以广才，非志无以成学。"大学的青春时光，人生只有一次，应该好好珍惜。为学之要贵在勤奋、贵在钻研、贵在有恒。

1. 非学无以广才，非志无以成学。

出处：_____

原文：_____

释义：_____

大学阶段，"恰同学少年，风华正茂"，有老师指点，有同学切磋，有浩瀚的书籍引路，可以心无旁骛求知问学。此时不努力，更待何时？要勤于学习、敏于求知，注重把所学知识内化于心，形成自己的见解，既要专攻博览，又要关心国家、关心人民、关心世界，学会担当社会责任。

2. 恰同学少年，风华正茂。

出处：_____

原文：_____

释义：_____

"学而不思则罔，思而不学则殆。"是非明，方向清，路子正，人们付出的辛劳才能结出果实。

3. 学而不思则罔，思而不学则殆。

出处：_____

原文：_____

释义：_____

要树立正确的世界观、人生观、价值观，掌握了这把总钥匙，再来看看社会万象、人生历程，一切是非、正误、主次，一切真假、善恶、美丑，自然就洞若观火、清澈明了，自然就能作出正确判断、作出正确选择。正所谓"千淘万漉虽辛苦，吹尽狂沙始到金"。

4. 千淘万漉虽辛苦，吹尽狂沙始到金。

出处：_____

原文：_____

释义：_____

《礼记》中说："博学之，审问之，慎思之，明辨之，笃行之。"有人说："圣人是肯做工夫的庸人，庸人是不肯做工夫的圣人。"青年有着大好机遇，关键是要迈稳步子、夯实根基、久久为功。

5. 博学之，审问之，慎思之，明辨之，笃行之。

出处：_____

原文：_____

释义：_____

"天下难事，必作于易；天下大事，必作于细。"成功的背后，永远是艰辛努力。青年要把艰苦环境作为磨炼自己的机遇，把小事当作大事干，一步一个脚印往前走。

6. 天下难事，必作于易；天下大事，必作于细。

出处：_____

原文：_____

释义：_____

二、整体阅读训练

1. 青年是社会最鲜活的血液，时代最激昂的力量，是崭新篇章的书写者，是家国梦想的铸造者。青年的价值取向决定了未来整个社会的价值取向。结合文本，谈谈广大青年应该如何践行社会主义核心价值观。

2. 提倡和弘扬社会主义核心价值观，必须从中华优秀传统文化中汲取丰富营养，否则就不会有生命力和影响力。结合文本中关于中华文化特征的举例（至少一句），说说你的理解。

3. "凿井者，起于三寸之坎，以就万仞之深。"习近平总书记号召青年要从现在做起、从自己做起，内化社会主义核心价值观，将其推广到全社会去。我们在现实生活中可以怎么做呢？

4. 核心价值观的养成不是一日之功，要坚持由易到难、由近及远，要从身边的小事做起，勤于规划，贯彻执行。请结合演讲精神，选择社会主义核心价值观中公民价值层面要求（爱国、敬业、诚信、友善）中的一个关键词，为自己确立相应主题的座右铭，鞭策自身，砥砺前行。

19 在北京大学师生座谈会上的讲话

2018 年 5 月 2 日

导读

2014 年 5 月 4 日，习近平总书记在北京大学考察并与师生座谈。2018 年五四青年节前夕，习近平总书记再次来到青年中间，与青年学生谈理想、话奋斗，给予青年谆谆教诲和成长指引，饱含关怀，充满期待。

习近平总书记的重要讲话思想深邃、鞭辟入里，深刻论述了"培养什么人""怎样培养人""青年如何健康成长"等重大问题，对当代青年提出了爱国、励志、求真、力行的明确要求。

习近平总书记用青年人听得懂、听得进的话语，娓娓道来，打动人心。他说过的一些话，已经成为值得青年一代记取的"金句"。习近平总书记鼓励广大青年要爱国，忠于祖国，忠于人民；要励志，立鸿鹄志，做奋斗者；要求真，求真学问，练真本领；要力行，知行合一，做实干家。

阅读任务

1. 查阅资料，找到"探究演练"中所列古诗文的出处、原文和释义，工整地写在批注栏内。

2. 阅读全文，对有感触的地方进行记录和小结，上课时和同学们一起分享。

原文阅读

扫码看原文

当语文遇到"大思政"

探究演练

一、古诗文批注

"国势之强由于人，人材之成出于学。"培养社会主义建设者和接班人，是我们党的教育方针，是我国各级各类学校的共同使命。大学对青年成长成才发挥着重要作用。

1. 国势之强由于人，人材之成出于学。

出处：_____

原文：_____

释义：_____

《礼记·大学》说："大学之道，在明明德，在亲民，在止于至善。"古今中外，关于教育和办学，思想流派繁多，理论观点各异，但在教育必须培养社会发展所需要的人这一点上是有共识的。

2. 大学之道，在明明德，在亲民，在止于至善。

出处：_____

原文：_____

释义：_____

"才者，德之资也；德者，才之帅也。"人才培养一定是育人和育才相统一的过程，而育人是本。人无德不立，育人的根本在于立德。

3. 才者，德之资也；德者，才之帅也。

出处：_____

原文：_____

释义：_____

"凿井者，起于三寸之坎，以就万仞之深。"社会主义建设者和接班人，既要有高尚品德，又要有真才实学。

4. 凿井者，起于三寸之坎，以就万仞之深。

出处：_____

原文：_____

释义：_____

64

苏轼说:"古之立大事者,不惟有超世之才,亦必有坚忍不拔之志。"王守仁说:"志不立,天下无可成之事。"可见,立志对一个人的一生具有多么重要的意义。

5. 古之立大事者,不惟有超世之才,亦必有坚忍不拔之志。

　　出处:＿＿＿＿＿＿＿＿＿＿＿＿＿＿＿＿＿＿＿＿＿＿＿＿

　　原文:＿＿＿＿＿＿＿＿＿＿＿＿＿＿＿＿＿＿＿＿＿＿＿＿

　　释义:＿＿＿＿＿＿＿＿＿＿＿＿＿＿＿＿＿＿＿＿＿＿＿＿

"玉不琢,不成器;人不学,不知道。"知识是每个人成才的基石,在学习阶段一定要把基石打深、打牢。

6. 玉不琢,不成器;人不学,不知道。

　　出处:＿＿＿＿＿＿＿＿＿＿＿＿＿＿＿＿＿＿＿＿＿＿＿＿

　　原文:＿＿＿＿＿＿＿＿＿＿＿＿＿＿＿＿＿＿＿＿＿＿＿＿

　　释义:＿＿＿＿＿＿＿＿＿＿＿＿＿＿＿＿＿＿＿＿＿＿＿＿

学到的东西,不能停留在书本上,不能只装在脑袋里,而应该落实到行动上,做到知行合一、以知促行、以行求知,正所谓"知者行之始,行者知之成"。

7. 知者行之始,行者知之成。

　　出处:＿＿＿＿＿＿＿＿＿＿＿＿＿＿＿＿＿＿＿＿＿＿＿＿

　　原文:＿＿＿＿＿＿＿＿＿＿＿＿＿＿＿＿＿＿＿＿＿＿＿＿

　　释义:＿＿＿＿＿＿＿＿＿＿＿＿＿＿＿＿＿＿＿＿＿＿＿＿

二、整体阅读训练

1. 习近平总书记在 2014 年和 2018 年两次来到北京大学同师生代表座谈,两次座谈他分别对青年人提出了哪些希望?

2. 你对以上哪一点"希望"最有感触？请结合生活实际，举例谈谈你的体会。

3. 通读全文，习近平总书记在本次讲话中论述了几个方面的内容？它们分别是什么？请你用概括性的语言梳理出来。

4. 习近平总书记在讲话中提出："幸福都是奋斗出来的，奋斗本身就是一种幸福。"在学习生活中，你是否也因奋斗而感受过这种"幸福"呢？请谈谈自己的经历。

20 做党和人民满意的好老师
——同北京师范大学师生代表座谈时的讲话
2014年9月9日

导读

2014年9月9日上午,习近平总书记来到北京师范大学看望慰问师生。在交谈中,习近平总书记号召全国广大教师做"四有"好教师:要有理想信念,要有道德情操,要有扎实学识,要有仁爱之心。

阅读任务

1. 查阅资料,找到"探究演练"中所列古诗文的出处、原文和释义,工整地写在批注栏内。

2. 阅读全文,对有感触的地方进行记录和小结,上课时和同学们一起分享。

原文阅读

扫码看原文

探究演练

一、古诗文批注

自古以来，中华民族就有尊师重教、崇智尚学的优良传统，正所谓"国将兴，必贵师而重傅；贵师而重傅，则法度存"。在古代，孔子被推崇为"大成至圣先师"，被誉为"万世师表"。在中华民族5000多年文明发展史上，英雄辈出，大师荟萃，都与一代又一代教师的辛勤耕耘是分不开的。

1. 国将兴，必贵师而重傅；贵师而重傅，则法度存。

出处：_____

原文：_____

释义：_____

做好老师，要有理想信念。陶行知先生说，教师是"千教万教，教人求真"，学生是"千学万学，学做真人"。老师肩负着培养下一代的重要责任。正确理想信念是教书育人、播种未来的指路明灯。不能想象一个没有正确理想信念的人能够成为好老师。唐代韩愈说："师者，所以传道授业解惑也。""传道"是第一位的。一个老师，如果只知道"授业""解惑"而不"传道"，不能说这个老师是完全称职的，充其量只能是"经师""句读之师"，而非"人师"了。

2. 师者，所以传道授业解惑也。

出处：_____

原文：_____

释义：_____

古人云："经师易求，人师难得。"一个优秀的老师，应该是"经师"和"人师"的统一，既要精于"授业""解惑"，更要以"传道"为责任和使命。好老师心中要有国家和民族，要明确意识到肩负的国家使命和社会责任。

3. 经师易求，人师难得。

出处：_____

原文：_____

释义：_____

做好老师，要有道德情操。老师的人格力量和人格魅力是成功教育的重要条件。"师也者，教之以事而喻诸德者也。"老师对学生的影响，离不开老师的学识和能力，更离不开老师为人处世、于国于民、于公于私所持的价值观。

4. 师也者，教之以事而喻诸德者也。
出处：＿＿＿＿＿＿＿＿＿＿＿＿＿＿＿＿＿＿＿＿＿＿
原文：＿＿＿＿＿＿＿＿＿＿＿＿＿＿＿＿＿＿＿＿＿＿
释义：＿＿＿＿＿＿＿＿＿＿＿＿＿＿＿＿＿＿＿＿＿＿

老师要有"衣带渐宽终不悔，为伊消得人憔悴"的精神，兢兢业业做好工作。做老师，最好的回报是学生成人成才，桃李满天下。想想无数孩子在自己的教育下学到知识、学会做人、事业有成、生活幸福，那是何等让人舒心、让人骄傲的成就。

5. 衣带渐宽终不悔，为伊消得人憔悴。
出处：＿＿＿＿＿＿＿＿＿＿＿＿＿＿＿＿＿＿＿＿＿＿
原文：＿＿＿＿＿＿＿＿＿＿＿＿＿＿＿＿＿＿＿＿＿＿
释义：＿＿＿＿＿＿＿＿＿＿＿＿＿＿＿＿＿＿＿＿＿＿

学生往往可以原谅老师严厉刻板，但不能原谅老师学识浅薄。"水之积也不厚，则其负大舟也无力。"知识储备不足、视野不够，教学中必然捉襟见肘，更谈不上游刃有余。

6. 水之积也不厚，则其负大舟也无力。
出处：＿＿＿＿＿＿＿＿＿＿＿＿＿＿＿＿＿＿＿＿＿＿
原文：＿＿＿＿＿＿＿＿＿＿＿＿＿＿＿＿＿＿＿＿＿＿
释义：＿＿＿＿＿＿＿＿＿＿＿＿＿＿＿＿＿＿＿＿＿＿

老师还要具有尊重学生、理解学生、宽容学生的品质。离开了尊重、理解、宽容同样谈不上教育。"学而不厌、诲人不倦"，有教无类，因材施教，教也多术，就是要求老师具有尊重、理解、宽容的品质。这本身就是一种伟大的教育力量。受到尊重、得到理解、得到宽容，是每一个人在人生各阶段都不可缺少的心理需要，儿童和青少年更是如此。一些调查材料反映，尊重学生越来越成为好老师的重要标准。好老师应该懂得既尊重学生，使学生充满自信、昂首挺胸，又通过尊重学生的言传身教教育学生尊重他人。

7. 学而不厌、诲人不倦。

出处：_____

原文：_____

释义：_____

二、整体阅读训练

1. "一个人遇到好老师是人生的幸运，一个学校拥有好老师是学校的光荣，一个民族源源不断涌现出一批又一批好老师则是民族的希望。"习近平总书记对如何做一名好老师提出哪四个标准？

2. 为什么说在信息时代做好老师要有扎实学识？请结合原文语句作答。

3. 习近平总书记对各级党委和政府重视教育问题提出哪些具体要求？

4. 请至少引用习近平总书记同北京师范大学师生代表座谈时的讲话里的两处句子，为你的一位老师寄教师节贺卡。

五、怀揣美好向往，祝福伟大祖国

21 二〇一八年新年贺词

2017 年 12 月 31 日

导读

"我为中国人民迸发出来的创造伟力喝彩""千千万万普通人最伟大""幸福都是奋斗出来的""逢山开路，遇水架桥""将改革进行到底""不驰于空想、不骛于虚声""以造福人民为最大政绩"……习近平主席 2018 年的新年贺词，激荡光荣与梦想，充满信心与斗志，见证情怀与担当。铿锵有力的话语，点燃了亿万人民在新时代奋发向前的激情。

阅读任务

1. 查阅资料，找到"探究演练"中所列古诗文的出处、原文和释义，工整地写在批注栏内。

2. 阅读全文，对有感触的地方进行记录和小结，上课时和同学们一起分享。

原文阅读

扫码看原文

探究演练

一、古诗文批注

"安得广厦千万间,大庇天下寒士俱欢颜!"340万贫困人口实现易地扶贫搬迁、有了温暖的新家,各类棚户区改造开工数提前完成600万套目标任务。

1. 安得广厦千万间,大庇天下寒士俱欢颜!

出处:_____

原文:_____

释义:_____

2018年是全面贯彻中共十九大精神的开局之年。中共十九大描绘了我国发展今后30多年的美好蓝图。九层之台,起于累土。

2. 九层之台,起于累土。

出处:_____

原文:_____

释义:_____

要把这个蓝图变为现实,必须不驰于空想、不骛于虚声,一步一个脚印,踏踏实实干好工作。

3. 不驰于空想、不骛于虚声。

出处:_____

原文:_____

释义:_____

二、整体阅读训练

1. "2018年是全面贯彻中共十九大精神的开局之年。中共十九大描绘了我国发展今后30多年的美好蓝图。"怎样把这个蓝图变为现实?

2. "中国人民愿同各国人民一道,共同开辟人类更加繁荣、更加安宁的美好未来。"习近平主席在新年贺词中,再次向世界递上闪亮的中国名片:"世界和平的建设者、全球发展的贡献者、国际秩序的维护者。"美好的愿望、庄严的承诺,蕴含中国的价值信念,彰显共产党人的使命担当,展现了习近平主席大国领袖的世界视野、天下情怀。请结合原文,概括中国作为负责任大国的具体表现。

3. "我为中国人民迸发出来的创造伟力喝彩""千千万万普通人最伟大""幸福都是奋斗出来的""逢山开路,遇水架桥""将改革进行到底""不驰于空想、不骛于虚声""以造福人民为最大政绩"……习近平主席2018年的新年贺词,金句频出。要求至少引用两句上述所列金句,抒写阅读感受,字数100字以上。

22 二〇二一年新年贺词

2020 年 12 月 31 日

导读

2020年12月31日晚,中国国家主席习近平在北京发表了2021年新年贺词。在带领中国战胜了史所罕见的风险挑战之后,习主席会讲述这一年发生在这个国家的故事,站在"两个一百年"的历史交汇点,他对国家的每一个人发表深情告白。他赞美每一个人都了不起,希望每一个人都铆足干劲迎接新一年的挑战和磨砺。这是人民领袖的深情寄语。心有所信,方能行远。心中有了方向,奋斗更有力量。

阅读任务

1. 查阅资料,找到"探究演练"中所列古诗文的出处、原文和释义,工整地写在批注栏内。

2. 阅读全文,对有感触的地方进行记录和小结,上课时和同学们一起分享。

原文阅读

扫码看原文

探究演练

一、古诗文批注

艰难方显勇毅，磨砺始得玉成。我们克服疫情影响，统筹疫情防控和经济社会发展取得重大成果。"十三五"圆满收官，"十四五"全面擘画。新发展格局加快构建，高质量发展深入实施。

1. 艰难方显勇毅，磨砺始得玉成。

出处：_____

原文：_____

释义：_____

这些年，我去了全国14个集中连片特困地区，乡亲们愚公移山的干劲，广大扶贫干部倾情投入的奉献，时常浮现在脑海。我们还要咬定青山不放松，脚踏实地加油干，努力绘就乡村振兴的壮美画卷，朝着共同富裕的目标稳步前行。

2. 咬定青山不放松。

出处：_____

原文：_____

释义：_____

大道不孤，天下一家。经历了一年来的风雨，我们比任何时候都更加深切体会到人类命运共同体的意义。

3. 大道不孤，天下一家。

出处：_____

原文：_____

释义：_____

二、整体阅读训练

1. 2020年注定是极不平凡的一年，既有挑战，又有成就。请你联系习近平主席的讲话内容，说一说我国在2020年遭遇了什么挑战，又取得了什么成就。

2. 2020年，中国保持勇往直前、风雨无阻的战略定力，万众一心加油干，越是艰险越向前。在2021年新年贺词中，习近平主席重点谈到了要继续铆足干劲做的三件事。请你阅读讲话原文，概括这三件事分别是什么。

3. 疫情期间，涌现出许多抗疫英雄，从白衣天使到人民子弟兵，从科研人员到社区工作者，从志愿者到工程建设者，从古稀老人到"90后""00后"青年一代，展现出伟大的抗疫精神。你印象最深的抗疫画面是什么？请你联系自己的生活实际写一写。

4. "平凡铸就伟大，英雄来自人民。每个人都了不起！"回望2020年，你在学习生活中战胜了哪些困难？你坚持做了哪些事？实现了哪些小目标呢？请你为自己的2020年作个小小的总结吧。

23 二〇二二年新年贺词

2021 年 12 月 31 日

导读

岁序更替，华章又新。辞旧迎新之际，国家主席习近平发表了 2022 年新年贺词。贺词回首了 2021 年的历程，"两个一百年"奋斗目标历史交汇，国家开启了全面建设社会主义现代化国家新征程，中国成就令人震撼。"民之所忧，我必念之；民之所盼，我必行之。"习近平主席忧民之所忧，字里行间彰显着中国温度。新的篇章掀起，中国人民将与世界人民一道风雨同舟、团结合作，共筑世界美好未来。

阅读任务

1. 查阅资料，找到"探究演练"中所列古诗文的出处、原文和释义，工整地写在批注栏内。

2. 阅读全文，对有感触的地方进行记录和小结，上课时和同学们一起分享。

原文阅读

扫码看原文

探究演练

一、古诗文批注

中华民族伟大复兴绝不是轻轻松松、敲锣打鼓就能实现的，也绝不是一马平川、朝夕之间就能到达的。我们要常怀远虑、居安思危，保持战略定力和耐心，"致广大而尽精微"。

1. 致广大而尽精微。

出处：_____

原文：_____

释义：_____

二、整体阅读训练

1. 文末，习近平主席致以新年问候时，用"出差"表述了我国三位航天员的太空之旅。请赏析"出差"一词在文中的表达效果。

2. 在文中，习近平主席与大家回忆了很多难忘的中国声音、中国瞬间、中国故事。其中有烈士心声，有航天功绩，也有抗疫故事……请你选择其中你所了解到的内容与大家分享。

我想要分享的内容是：

3. "一起向未来"是美好的祝愿，也是美好的憧憬，请从个人和国家两个层次，谈谈你对于未来的愿景。

对于个人：

对于国家（需引用文中的相关句子或事例）：

24 二〇二三年新年贺词

2022 年 12 月 31 日

导读

新年前夕，习近平主席发表 2023 年新年贺词，总结今天的中国"是梦想接连实现的中国""是充满生机活力的中国""是赓续民族精神的中国""是紧密联系世界的中国"，展望明天的中国"奋斗创造奇迹""力量源于团结""希望寄予青年"。豪情满怀的宣示、语重心长的嘱托、殷切深情的祝福，给人以深刻的启示、奋进的力量，激励亿万人民踔厉奋发、勇毅前行，让明天的中国更美好。

阅读任务

1. 查阅资料，找到"探究演练"中所列古诗文的出处、原文和释义，工整地写在批注栏内。

2. 阅读全文，对有感触的地方进行记录和小结，上课时和同学们一起分享。

原文阅读

扫码看原文

探究演练

一、古诗文批注

党的二十大后我和同事们一起去了延安，重温党中央在延安时期战胜世所罕见困难的光辉岁月，感悟老一辈共产党人的精神力量。我常说，艰难困苦，玉汝于成。中国共产党百年栉风沐雨、披荆斩棘，历程何其艰辛又何其伟大。我们要一往无前、顽强拼搏，让明天的中国更美好。

1. 艰难困苦，玉汝于成。

出处：_____

原文：_____

释义：_____

明天的中国，奋斗创造奇迹。苏轼有句话："犯其至难而图其至远"，意思是说"向最难之处攻坚，追求最远大的目标"。

2. 犯其至难而图其至远。

出处：_____

原文：_____

释义：_____

路虽远，行则将至；事虽难，做则必成。只要有愚公移山的志气、滴水穿石的毅力，脚踏实地，埋头苦干，积跬步以至千里，就一定能够把宏伟目标变为美好现实。

3. 路虽远，行则将至；事虽难，做则必成。

出处：_____

原文：_____

释义：_____

二、整体阅读训练

1. 新时代大潮澎湃，新征程气象万千。在2023年新年贺词中，习近平主席回望波澜壮阔的历史长河，礼赞一代又一代人的接续奋斗，指出"今天的中国，是充满生机活力的中国"，强调"只要笃定信心、稳中求进，就一定能实现我们的既定目标"。请你阅读第8段，概括出中国充满生机活力的具体表现。

2. 习近平主席发表2023年新年贺词，豪情满怀的宣示、语重心长的嘱托、殷切深情的祝福，给人以深刻的启示、奋进的力量，激励亿万人民踔厉奋发、勇毅前行，让明天的中国更美好。其中，他总结今天的中国、展望明天的中国的具体内容分别有哪些？

3. 时至元旦，你将向最好的朋友寄贺卡祝贺新年。请至少引用习近平主席2023年新年贺词里一处句子完成贺卡内容。

25 二〇二四年新年贺词

2023 年 12 月 31 日

导读

历史车轮滚滚向前，奋斗征程迎来新的一年。在 2024 年新年贺词中，习近平主席回望过去一年的步伐，展望新一年的奋斗目标，指出"我们要坚定不移推进中国式现代化"，强调"我们的目标很宏伟，也很朴素，归根到底就是让老百姓过上更好的日子"。铿锵的话语掷地有声、温暖人心，彰显人民至上的价值追求，鼓舞和激励亿万人民踔厉奋发、团结奋斗。

阅读任务

1. 查阅资料，找到"探究演练"中所列古诗文的出处、原文和释义，工整地写在批注栏内。

2. 阅读全文，对有感触的地方进行记录和小结，上课时和同学们一起分享。

原文阅读

扫码看原文

探究演练

一、古诗文批注

大家好！冬至阳生，岁回律转。在这辞旧迎新的美好时刻，我在北京向大家致以新年的祝福！

1. 冬至阳生，岁回律转。

出处：_____

原文：_____

释义：_____

二、整体阅读训练

1. 辞旧迎新，我们接续奋斗，砥砺前行。在2024年新年贺词中，习近平主席回顾了2023年我们国家沉甸甸的收获。这些收获都与我们息息相关。请你结合第5段，联系自身体验，说说你是如何感受到"我们这一年，走得很见神采"。

"中国是一个伟大的国度,传承着伟大的文明。在这片辽阔的土地上,大漠孤烟、江南细雨,总让人思接千载、心驰神往;黄河九曲、长江奔流,总让人心潮澎湃、豪情满怀。良渚、二里头的文明曙光,殷墟甲骨的文字传承,三星堆的文化瑰宝,国家版本馆的文脉赓续……泱泱中华,历史何其悠久,文明何其博大,这是我们的自信之基、力量之源。"

2. 在写作层面,每一年的新年贺词都有很多值得我们借鉴的地方。请你仿照上面一段文字,运用排比句式,写一段关于家乡的话。

3. 这篇新年贺词有很多表述贴切、生动形象的金句,如"中国经济在风浪中强健了体魄、壮实了筋骨",请你摘出一两句进行赏析,说说自己的感悟。

六、弘扬共同价值，续写精彩华章

26 共担时代责任，共促全球发展

2017年1月17日

导读

2017年1月17日，国家主席习近平在瑞士达沃斯出席世界经济论坛2017年年会开幕式，并向与会的全球政商领袖发表主旨演讲，题目为《共担时代责任，共促全球发展》。这是中国国家主席首次出席世界经济论坛年会。习近平主席对全球化推动中国开放作出积极评价，同时呼吁所有民众都应分享全球化的成果。

阅读任务

1. 查阅资料，找到"探究演练"中所列古诗文的出处、原文和释义，工整地写在批注栏内。

2. 阅读全文，对有感触的地方进行记录和小结，上课时和同学们一起分享。

原文阅读

扫码看原文

探究演练

一、古诗文批注

"甘瓜抱苦蒂,美枣生荆棘。"从哲学上说,世界上没有十全十美的事物,因为事物存在优点就把它看得完美无缺是不全面的,因为事物存在缺点就把它看得一无是处也是不全面的。

1. 甘瓜抱苦蒂,美枣生荆棘。

   出处:＿＿＿＿＿＿＿＿＿＿＿＿＿＿＿＿＿＿＿＿＿＿＿＿＿＿

   原文:＿＿＿＿＿＿＿＿＿＿＿＿＿＿＿＿＿＿＿＿＿＿＿＿＿＿

   释义:＿＿＿＿＿＿＿＿＿＿＿＿＿＿＿＿＿＿＿＿＿＿＿＿＿＿

"大道之行也,天下为公。"发展的目的是造福人民。要让发展更加平衡,让发展机会更加均等、发展成果人人共享,就要完善发展理念和模式,提升发展公平性、有效性、协同性。

2. 大道之行也,天下为公。

   出处:＿＿＿＿＿＿＿＿＿＿＿＿＿＿＿＿＿＿＿＿＿＿＿＿＿＿

   原文:＿＿＿＿＿＿＿＿＿＿＿＿＿＿＿＿＿＿＿＿＿＿＿＿＿＿

   释义:＿＿＿＿＿＿＿＿＿＿＿＿＿＿＿＿＿＿＿＿＿＿＿＿＿＿

"积力之所举,则无不胜也;众智之所为,则无不成也。"只要我们牢固树立人类命运共同体意识,携手努力、共同担当,同舟共济、共渡难关,就一定能够让世界更美好、让人民更幸福。

3. 积力之所举,则无不胜也;众智之所为,则无不成也。

   出处:＿＿＿＿＿＿＿＿＿＿＿＿＿＿＿＿＿＿＿＿＿＿＿＿＿＿

   原文:＿＿＿＿＿＿＿＿＿＿＿＿＿＿＿＿＿＿＿＿＿＿＿＿＿＿

   释义:＿＿＿＿＿＿＿＿＿＿＿＿＿＿＿＿＿＿＿＿＿＿＿＿＿＿

二、整体阅读训练

1. 讲话指出,世界经济长期低迷,贫富差距、南北差距问题更加突出。究其根源,是经济领域哪三大突出矛盾没有得到有效解决?

2. 当今世界经济增长、治理、发展模式存在必须解决的问题。我们既要有分析问题的智慧,更要有采取行动的勇气。据此,文章提出了哪些建议?请简要概括。

3. 从哲学上说,世界上没有十全十美的事物,因为事物存在优点就把它看得完美无缺是不全面的,因为事物存在缺点就把它看得一无是处也是不全面的。在我们的成长过程中,认识自我也是这样一个辩证的过程。请你写一段100字左右的文字,用来激励学习中的自己。

六、弘扬共同价值，续写精彩华章

27 坚定信心　勇毅前行　共创后疫情时代美好世界
2022年1月17日

导读

　　世界正经历百年未有之大变局，2022年时逢新冠疫情席卷全球，给世界经济发展带来了巨大的挑战。习近平主席在2022年世界经济论坛视频会议中发表演讲，号召全世界人民坚定信心、勇毅前行，共创后疫情时代美好世界。习近平主席在演讲中主张世界各国齐心协力，在危机中育新机、于变局中开新局，凝聚起战胜困难和挑战的强大力量。建党百年，风雨兼程，中国的经济建设取得了举世瞩目的成就，也将继续为世界经济协同发展、健康发展贡献力量。

阅读任务

　　1. 查阅资料，找到"探究演练"中所列古诗文的出处、原文和释义，工整地写在批注栏内。

　　2. 阅读全文，对有感触的地方进行记录和小结，上课时和同学们一起分享。

原文阅读

扫码看原文

当语文遇到"大思政"

探究演练

一、古诗文批注

"天下之势不盛则衰,天下之治不进则退。"世界总是在矛盾运动中发展的,没有矛盾就没有世界。纵观历史,人类正是在战胜一次次考验中成长、在克服一场场危机中发展。我们要在历史前进的逻辑中前进、在时代发展的潮流中发展。

1. 天下之势不盛则衰,天下之治不进则退。

出处:_____

原文:_____

释义:_____

"国之称富者,在乎丰民。"中国经济得到长足发展,人民生活水平大幅提高,但我们深知,满足人民对美好生活的向往还要进行长期艰苦的努力。中国明确提出要推动人的全面发展、全体人民共同富裕取得更为明显的实质性进展,将为此在各方面进行努力。

2. 国之称富者,在乎丰民。

出处:_____

原文:_____

释义:_____

二、整体阅读训练

1. "时代之变和世纪疫情相互叠加,世界进入新的动荡变革期。如何战胜疫情?如何建设疫后世界?这是世界各国人民共同关心的重大问题,也是我们必须回答的紧迫的重大课题。"在演讲中,习近平主席号召人们凝聚起战胜困难和挑战的强大力量,提出了具体可行的策略。请概括这些策略的主要内容。

2. 你怎样理解文中谈及的"小院高墙""小圈子"？习近平主席对此持何种态度？

3. "绿水青山就是金山银山。"习近平主席在演讲中强调："中国将坚定不移推进生态文明建设。"结合文本，谈谈国家进行生态文明建设的具体举措。

4. "坚定信心、同舟共济，是战胜疫情的唯一正确道路。"请结合全国同心协力抗击疫情或国际合作抗击疫情的例证，谈谈你对该观点的理解。

28 抓住世界经济转型机遇　谋求亚太更大发展

2017年11月10日

导读

2017年11月10日，国家主席习近平应邀出席在越南岘港举行的亚太经合组织工商领导人峰会并发表题为《抓住世界经济转型机遇　谋求亚太更大发展》的主旨演讲。经济转型指的是资源配置和经济发展方式的转变，包括发展模式、发展要素、发展路径等转变。我们要立足整个世界经济转型的机遇，寻求亚太地区以及我国的经济发展。

阅读任务

1. 查阅资料，找到"探究演练"中所列古诗文的出处、原文和释义，工整地写在批注栏内。

2. 阅读全文，对有感触的地方进行记录和小结，上课时和同学们一起分享。

原文阅读

扫码看原文

探究演练

一、古诗文批注

发展之路没有终点，只有新的起点。"往者不可谏，来者犹可追。"世界正处在快速变化的历史进程之中，世界经济正在发生更深层次的变化。我们要洞察世界经济发展趋势，找准方位，把握规律，果敢应对。

1. 往者不可谏，来者犹可追。

出处：_____

原文：_____

释义：_____

中国古人说："口言之，身必行之。"实现亚太更大发展，需要每个成员脚踏实地拿出行动。作为全球第二大经济体，中国深知自身肩负的责任。过去5年，我们主动适应、把握、引领经济新常态，深入推进供给侧结构性改革，保持经济稳中向好、稳中有进，推动中国发展不断向着更高质量、更有效率、更加公平、更可持续的方向迈进。

2. 口言之，身必行之。

出处：_____

原文：_____

释义：_____

二、整体阅读训练

1. 阅读第一部分，概括当前世界经济形势变化的新趋势。

2. 针对当时的亚太经济和世界经济，习近平总书记提出了哪些可行的措施？请简要概括。

3. 中国经济的发展对于亚太地区有何启示？请联系文章内容和生活实际，谈谈你的看法。

4. 中国古人说："口言之，身必行之。"你的身边有这样的人或事吗？请结合你的生活经历，谈谈你的想法。

29 命运与共　共建家园

2021 年 11 月 22 日

导读

我国以"和平共处五项原则"（互相尊重主权和领土完整，互不侵犯，互不干涉内政，平等互利，和平共处）作为外交政策之基石，高度重视并着力发展与周边国家的睦邻友好关系。习近平主席在中国—东盟建立对话关系 30 周年纪念峰会上就中国—东盟之间命运与共、互利合作的关系进行了深入的分析，其回顾发展成就，总结历史经验，擘画未来蓝图，宣布了中国—东盟全面战略伙伴关系的建立，抒发了区域深化合作、共同繁荣的愿景。

阅读任务

1. 查阅资料，找到"探究演练"中所列古诗文的出处、原文和释义，工整地写在批注栏内。

2. 阅读全文，对有感触的地方进行记录和小结，上课时和同学们一起分享。

原文阅读

扫码看原文

探究演练

一、古诗文批注

东方文化讲究"己所不欲,勿施于人",平等相待、和合与共是我们的共同诉求。我们率先倡导和平共处五项原则和"万隆精神",中国在东盟对话伙伴中最先加入《东南亚友好合作条约》。

1. 己所不欲,勿施于人。

出处:＿＿＿＿＿＿＿＿＿＿＿＿＿＿＿＿＿＿＿＿

原文:＿＿＿＿＿＿＿＿＿＿＿＿＿＿＿＿＿＿＿＿

释义:＿＿＿＿＿＿＿＿＿＿＿＿＿＿＿＿＿＿＿＿

"路遥知马力,日久见人心。"中国过去是、现在是、将来也永远是东盟的好邻居、好朋友、好伙伴。

2. 路遥知马力,日久见人心。

出处:＿＿＿＿＿＿＿＿＿＿＿＿＿＿＿＿＿＿＿＿

原文:＿＿＿＿＿＿＿＿＿＿＿＿＿＿＿＿＿＿＿＿

释义:＿＿＿＿＿＿＿＿＿＿＿＿＿＿＿＿＿＿＿＿

中国古人说:"谋度于义者必得,事因于民者必成。"让我们把人民对美好生活的向往放在心头,把维护和平、促进发展的时代使命扛在肩上,携手前行,接续奋斗,构建更为紧密的中国—东盟命运共同体,共创更加繁荣美好的地区和世界!

3. 谋度于义者必得,事因于民者必成。

出处:＿＿＿＿＿＿＿＿＿＿＿＿＿＿＿＿＿＿＿＿

原文:＿＿＿＿＿＿＿＿＿＿＿＿＿＿＿＿＿＿＿＿

释义:＿＿＿＿＿＿＿＿＿＿＿＿＿＿＿＿＿＿＿＿

二、整体阅读训练

1. 合作共赢是地区建设发展的美好前程,回顾30年来中国—东盟合作的成就,习近平主席对过往的成功经验作出了深刻总结。请结合文本谈一谈双方取得合作发展成就的原因。

六、弘扬共同价值，续写精彩华章

2. 习近平主席提出了构建中国—东盟命运共同体、构建美好家园的倡议，并对美好家园的内涵进行了解析。请完成下列表格，尝试阐释建设美好家园中的中国担当。

和平家园	
安宁家园	中方愿提供医疗援助，帮助东盟加强基层公共卫生体系建设和人才培养，提高应对重大突发公共卫生事件能力。共同维护南海稳定，把南海建成和平之海、友谊之海、合作之海。
繁荣家园	中方向东盟提供发展援助，用于东盟国家抗疫和恢复经济，促进均衡包容发展。要高质量共建"一带一路"，同东盟提出的印太展望开展合作。
美丽家园	
友好家园	

97

3. 和平共处五项原则：互相尊重主权和领土完整，互不侵犯，互不干涉内政，平等互利，和平共处。这是我国提出的处理不同社会和政治制度国家之间相互关系的基本原则。请你结合文本中我国与东盟国家和平共处的事例，谈谈你对这一原则的理解。

4. 北京冬奥会、冬残奥会以"一起向未来"作为赛会主题口号，符合世界人民协力合作、共创未来的大趋势。现请你结合阅读感受，为来自东盟的运动员们拟定一条欢迎标语。

六、弘扬共同价值，续写精彩华章

30 共同构建人类命运共同体

2017 年 1 月 18 日

▎导读

　　人类命运，休戚与共，这是永恒不变之准则。2017 年 1 月 8 日，习近平主席于联合国日内瓦总部发表了题为《共同构建人类命运共同体》的演讲。习近平主席回眸斗争洗礼之历史，立足祸福相依之当下，展望合作共赢之未来，展现了中华民族海纳百川的文化底蕴与中国之大国担当。演讲深切地表达了对全人类"和平、发展、合作、共赢"的向往与追随，呼吁全人类共同通过对话协商、共建共享、合作共赢、交流互鉴、绿色低碳等形式构建一个和平、安全、繁荣、包容、美丽的世界，情真意切、发人深省。

▎阅读任务

　　1. 查阅资料，找到"探究演练"中所列古诗文的出处、原文和释义，工整地写在批注栏内。

　　2. 阅读全文，对有感触的地方进行记录和小结，上课时和同学们一起分享。

▎原文阅读

扫码看原文

探究演练

一、古诗文批注

法律的生命也在于公平正义，各国和国际司法机构应该确保国际法平等统一适用，不能搞双重标准，不能"合则用、不合则弃"，真正做到"无偏无党，王道荡荡"。

1. 无偏无党，王道荡荡。

出处：＿＿＿＿＿＿＿＿＿＿＿＿＿＿＿＿＿＿＿＿＿＿＿＿＿＿

原文：＿＿＿＿＿＿＿＿＿＿＿＿＿＿＿＿＿＿＿＿＿＿＿＿＿＿

释义：＿＿＿＿＿＿＿＿＿＿＿＿＿＿＿＿＿＿＿＿＿＿＿＿＿＿

国家和，则世界安；国家斗，则世界乱。从公元前的伯罗奔尼撒战争到两次世界大战，再到延续40余年的冷战，教训惨痛而深刻。"前事不忘，后事之师。"我们的先辈建立了联合国，为世界赢得70余年相对和平。我们要完善机制和手段，更好化解纷争和矛盾、消弭战乱和冲突。

2. 前事不忘，后事之师。

出处：＿＿＿＿＿＿＿＿＿＿＿＿＿＿＿＿＿＿＿＿＿＿＿＿＿＿

原文：＿＿＿＿＿＿＿＿＿＿＿＿＿＿＿＿＿＿＿＿＿＿＿＿＿＿

释义：＿＿＿＿＿＿＿＿＿＿＿＿＿＿＿＿＿＿＿＿＿＿＿＿＿＿

"和羹之美，在于合异。"人类文明多样性是世界的基本特征，也是人类进步的源泉。世界上有200多个国家和地区、2500多个民族、多种宗教。不同历史和国情，不同民族和习俗，孕育了不同文明，使世界更加丰富多彩。

3. 和羹之美，在于合异。

出处：＿＿＿＿＿＿＿＿＿＿＿＿＿＿＿＿＿＿＿＿＿＿＿＿＿＿

原文：＿＿＿＿＿＿＿＿＿＿＿＿＿＿＿＿＿＿＿＿＿＿＿＿＿＿

释义：＿＿＿＿＿＿＿＿＿＿＿＿＿＿＿＿＿＿＿＿＿＿＿＿＿＿

中国《孙子兵法》是一部著名兵书，但其第一句话就讲："兵者，国之大事，死生之地，存亡之道，不可不察也"，其要义是慎战、不战。几千年来，和平融入了中华民族的血脉中，刻进了中国人民的基因里。

4. 兵者，国之大事，死生之地，存亡之道，不可不察也。

出处：_____

原文：_____

释义：_____

二、整体阅读训练

1. 习近平主席以"瑞士军刀"为喻，号召全人类一同打造一把"瑞士军刀"用以解决各种问题。请结合文本，阐述如何打造这一把功能多样的"瑞士军刀"。

2. 习近平主席的演讲常引经据典，论述有力，思想底蕴深厚，本次演讲列举了"修昔底德陷阱""潘多拉的盒子"以及"达摩克利斯之剑"等西方传说中的典故。请结合文本及相关资料，阐述引用这些典故在内容和表达效果方面的作用分别有哪些。

3. 习近平主席在联合国日内瓦总部的演讲中表达了全人类和平发展、同心合力、共同繁荣的愿景，也彰显了中国的大国智慧与大国担当。请阐述中国致力构建"人类命运共同体"的政策走向。请结合文本或个人经验，举出至少一处相关的例证。

4. 时至当下，局部战争、意识形态斗争、恐怖主义等影响区域和谐以及世界和平稳定的因素仍然存在。请你以"和羹之美，在于合异"作为观点，举出正面或反面的事实论据，对世界人民发出构建"人类命运共同体"的呼吁。

参考答案

1 在纪念五四运动 100 周年大会上的讲话

一、古诗文批注

1. 出处：《孟子·告子下》。

   原文：故天将降大任于斯（"斯"也作"是"）人也，必先苦其心志，劳其筋骨，饿其体肤，空乏其身，行拂乱其所为，所以动心忍性，曾益其所不能。

   释义：上天要把重任降临在某人的身上。

2. 出处：王阳明《教条示龙场诸生》。

   原文：立志而圣则圣矣，立志而贤则贤矣。

   释义：立志成为圣人，就能够成为圣人；立志成为贤人，就能够成为贤人。

3. 出处：权德舆《放歌行》。

   原文：夕阳不驻东流急，荣名贵在当年立。青春虚度无所成，白首衔悲亦何及。

   释义：年轻的时候虚度光阴、无所作为，等到了老年即使再心怀悲戚也于事无补了。

二、整体阅读训练

1. （1）五四运动以全民族的力量高举起爱国主义的伟大旗帜。

   （2）五四运动以全民族的行动激发了追求真理、追求进步的伟大觉醒。

   （3）五四运动以全民族的搏击培育了永久奋斗的伟大传统。

2. 第一，新时代中国青年要树立远大理想。第二，新时代中国青年要热爱伟大祖国。第三，新时代中国青年要担当时代责任。第四，新时代中国青年要勇于砥砺奋斗。第五，新时代中国青年要练就过硬本领。第六，新时代中国青年要锤炼品德修为。

3. 示例：同学们，正所谓"青春虚度无所成，白首衔悲亦何及"，青少年时期是学习本领、提升自己的黄金时期，我们应该珍惜当下，把握住学习的好时机，不要虚度光阴，不要等到老了才悔不当初。

4. 示例：（1）我国著名的数学家陈景润，几十年如一日，全身心沉浸在数学的海洋里，不屈不挠地攀摘数学皇冠上的明珠，终于登上了数学论高峰，成了数学巨人。

（2）著名的物理学家李政道，一直坚持向学术顶峰攀登。这种精神让他经常保持活力，最终成为学术泰斗。

（3）我国著名的桥梁专家茅以升小时候便萌发了做一个桥梁专家的念头，立志为家乡的建设作出自己的贡献。为此，他坚持刻苦钻研，艰苦奋斗，夜以继日地学习。当别人在嬉戏玩耍时，他却在思考着各种问题，最终实现了自己的理想。

2 在庆祝中国共产党成立100周年大会上的讲话

一、古诗文批注

1. 出处：毛泽东《七律·到韶山》。
原文：别梦依稀咒逝川，故园三十二年前。红旗卷起农奴戟，黑手高悬霸主鞭。为有牺牲多壮志，敢教日月换新天。喜看稻菽千重浪，遍地英雄下夕烟。
释义：因为有这么多为伟大理想和远大抱负而勇敢牺牲的人，敢去改变旧的日子，从而换上新的天地。

二、整体阅读训练

1. （1）为了实现中华民族伟大复兴，中国共产党团结带领中国人民，浴血奋战、百折不挠，创造了新民主主义革命的伟大成就。

（2）为了实现中华民族伟大复兴，中国共产党团结带领中国人民，自力更生、发愤图强，创造了社会主义革命和建设的伟大成就。

（3）为了实现中华民族伟大复兴，中国共产党团结带领中国人民，解放思想、锐意进取，创造了改革开放和社会主义现代化建设的伟大成就。

（4）为了实现中华民族伟大复兴，中国共产党团结带领中国人民，自信自强、守正创新，统揽伟大斗争、伟大工程、伟大事业、伟大梦想，创造了新时代中国特色社会主义的伟大成就。

2. 坚持真理、坚守理想，践行初心、担当使命，不怕牺牲、英勇斗争，对党忠诚、不负人民。

3. （1）必须坚持中国共产党坚强领导。

（2）必须团结带领中国人民不断为美好生活而奋斗。

（3）必须继续推进马克思主义中国化。

（4）必须坚持和发展中国特色社会主义。

（5）必须加快国防和军队现代化。

（6）必须不断推动构建人类命运共同体。

（7）必须进行具有许多新的历史特点的伟大斗争。

（8）必须加强中华儿女大团结。

（9）必须不断推进党的建设新的伟大工程。

4. 新时代的中国青年要以实现中华民族伟大复兴为己任，增强做中国人的志气、骨气、底气，不负时代，不负韶华，不负党和人民的殷切期望！

3 在纪念辛亥革命110周年大会上的讲话

一、古诗文批注

1. 出处：《兴中会宣言》。

原文：有心者不禁大声疾呼，亟拯斯民于水火，切扶大厦之将倾，庶我子子孙孙，或免奴隶于他族。

释义：急需从水深火热之中拯救人民群众，在中华民族大厦即将倾覆之际进行扶助。

2. 出处：《建国方略·孙文学说》。

原文：吾心信其可行，则移山填海之难，终有成功之日；吾心信其不可行，则反掌折枝之易，亦无收效之期也。

105

释义：如果人的内心相信事情可以成功，那么移山填海的难事，最终也能做成。

3. 出处：孙中山于海宁盐官观看钱塘江大潮，有感而发。

原文：世界潮流，浩浩荡荡，顺之则昌，逆之则亡。

释义：世界大势如潮水般浩浩荡荡、波澜壮阔，顺应时势才能昌盛，违逆时势则会灭亡。

4. 出处：1905年8月13日孙中山在东京中国留学生欢迎大会上的演讲。

原文：中国见情事日迫，不胜危惧。然苟我发愤自雄，西人将见好于我不暇，遑敢图我？不思自立，惟以惧人为事，岂计之得者耶？所以鄙人无他，惟愿诸君将振兴中国之责任，置之于自身之肩上。

释义：只希望大家能将振兴中华的责任，放到自己的肩上。

二、整体阅读训练

1. （1）辛亥革命110年来的历史启示我们，实现中华民族伟大复兴，必须有领导中国人民前进的坚强力量，这个坚强力量就是中国共产党。

（2）辛亥革命110年来的历史启示我们，实现中华民族伟大复兴，道路是最根本的问题。中国特色社会主义是实现中华民族伟大复兴的唯一正确道路。

（3）辛亥革命110年来的历史启示我们，实现中华民族伟大复兴，必须依靠中国人民自己的英勇奋斗。

（4）辛亥革命110年来的历史启示我们，实现中华民族伟大复兴，中国人民和中华民族必须同舟共济，依靠团结战胜前进道路上一切风险挑战。

（5）辛亥革命110年来的历史启示我们，实现中华民族伟大复兴，不仅需要安定团结的国内环境，而且需要和平稳定的国际环境。

2. （1）认真学习，用知识武装自己，培养学习能力和创新能力。

（2）爱国爱党，关心社会，积极投身公益活动等。

3. 任务一：

第一句	吾心信其可行，则移山填海之难，终有成功之日。
习近平总书记引用本句的用意	实现中华民族伟大复兴的前景光明辽阔，但前路不会平坦。面对未来一切未知的风险和挑战，我们要有克服困难的决心、信心以及勇往直前的魄力。
你的感受	无论是实现中华民族伟大复兴，还是在我们个人的成长与奋斗历程中，都离不开脚踏实地的努力、坚韧不拔的毅力、一往无前的勇气。信心是黄金，做好准确的判断，设定科学的目标，并扎实推进，一定能获得成功。
第二句	略
习近平总书记引用本句的用意	略
你的感受	略

任务二：答案略。

4 在决战决胜脱贫攻坚座谈会上的讲话

一、古诗文批注

1. 出处：《庄子·内篇·人间世》。

原文：凡事亦然，始乎谅，常卒乎鄙；其作始也简，其将毕也必巨。

释义：它的本意是一个事物开始时单纯细微，临近结束时变得纷繁巨大；引申为任何具有远大前程的事业，尽管在初创之时微不足道，等到将要完成的时候就一定会变得巨大。

二、整体阅读训练

1. 第一，脱贫攻坚目标任务接近完成。第二，贫困群众收入水平大幅度提高。第三，贫困地区基本生产生活条件明显改善。第四，贫困地区经济社会发展明显加快。第五，贫困治理能力明显提升。第六，中国减贫方案和减贫成就得到国际社会普遍认可。

2. （1）剩余脱贫攻坚任务艰巨。

（2）新冠肺炎疫情带来新的挑战。

（3）巩固脱贫成果难度很大。

（4）脱贫攻坚工作需要加强。

5 在庆祝中国共产主义青年团成立100周年大会上的讲话

一、古诗文批注

1. 出处：刘斧《青琐高议》。

原文：长江后浪推前浪，浮世新人换旧人。

释义：长江的后浪推动着前浪，世上的老一代的人被年轻人所代替。指世界万物生生不已。

2. 出处：梁启超《少年中国说》。

原文：少年智则国智，少年富则国富，少年强则国强，少年独立则国独立，少年自由则国自由，少年进步则国进步，少年胜于欧洲则国胜于欧洲，少年雄于地球则国雄于地球。

释义：少年强大意味着国家强大，少年进步意味着国家进步。

3. 出处：范梈《王氏能远楼》。

原文：游莫羡天池鹏，归莫问辽东鹤。人生万事须自为，跬步江山即寥廓。

释义：人生就须自作自为，哪怕每次仅仅迈出的是半步，长久积累，就可以进入一个宽广的世界。

4. 出处：《论语·子罕篇》。

原文：后生可畏，焉知来者之不如今也？四十、五十而无闻焉，斯亦不足畏也已。

释义：年轻人值得敬畏，怎么知道他们将来不如今人呢？

二、整体阅读训练

1. （1）培养良好的道德品质。

（2）注重锻炼，养成健康的体魄。

(3) 认真学习，用知识武装自己，培养学习能力和创新能力。

(4) 爱国爱党，关心社会，积极参与公益活动等。

2. (1) 百年征程，塑造了共青团坚持党的领导的立身之本。

(2) 百年征程，塑造了共青团坚守理想信念的政治之魂。

(3) 百年征程，塑造了共青团投身民族复兴的奋进之力。

(4) 百年征程，塑造了共青团扎根广大青年的活力之源。

3. 最有感触的句子："后生可畏，焉知来者之不如今也。"习近平总书记引用此句，说明党和国家把希望寄托在青年身上。青年如初升的朝阳，不断积聚着能量。青年是祖国的未来、民族的希望。联系生活略。

6 用好红色资源　赓续红色血脉
努力创造无愧于历史和人民的新业绩

一、古诗文批注

1. 出处：萧华《过雪山草地》。

原文：风雨侵衣骨更硬，野菜充饥志越坚。官兵一致同甘苦，革命理想高于天。

释义：红军战士有坚定的共产主义信念。

二、整体阅读训练

1. 第一，教育引导全党始终坚持科学理论指导。第二，教育引导全党始终坚持理想信念。第三，教育引导全党始终坚持初心使命。第四，教育引导全党始终坚持光荣革命传统。第五，教育引导全党始终坚持推进自我革命。

2. 李大钊说过："历史的道路，不全是坦平的，有时走到艰难险阻的境界，这是全靠雄健的精神才能够冲过去的。"

瞿秋白作出了"人爱自己的历史，比鸟爱自己的翅膀更厉害，请勿撕破我的历史"的铿锵回答。

邓小平同志说："在我们最困难的时期，共产主义的理想是我们的精神支柱，多少人牺牲就是为了实现这个理想。"

3. 一是要加强科学保护。二是要开展系统研究。三是要打造精品展陈。四是要强化教育功能。

4. 示例：我家乡的红色旅游资源是龙岩古田旅游区。它位于福建省西南部，是"全国十大优秀爱国主义教育基地""全国红色旅游经典景区"。古田旅游区规划面积7.6平方千米，旅游资源丰富、类型多样，景区景点数量众多，拥有古田会议会址群、古田会议纪念馆、毛主席纪念园等核心景区，还有中国虎园、红豆杉生态园景区，素有"神奇的宝山""动植物基因库"的美誉。毛泽东、朱德、陈毅等老一辈无产阶级革命家都在古田镇进行过伟大的革命实践，留下了光辉业绩。

7 牢记初心使命，推进自我革命

一、古诗文批注

1. 出处：《孟子·告子下》。

原文：人恒过，然后能改；困于心，衡于虑，而后作；征于色，发于声，而后喻。入则无法家拂（bì）士，出则无敌国外患者，国恒亡。然后知生于忧患，而死于安乐也。

释义：忧患的环境能促使人生存发展，安乐的条件常使人衰亡。

2. 出处：《资治通鉴·唐纪》。

原文：仲虺赞扬成汤，不称其无过而称其改过；吉甫歌诵周宣，不美其无阙而美其补阙。是则圣贤之意较然著明，惟以改过为能，不以无过为贵。

释义：不犯过错并不是真正的可贵，有了错误能够改过自新才最为重要。

3. 出处：《亢仓子·训道篇》。

原文：人有偏蔽，恶乎不自知哉？是故君子检身，常若有过。

释义：君子常自我反省、审查自己的行为和言语，就像自己一定有过错一样谨慎谦虚。

4. 出处：何坦《西畴老人常言》。

原文：天下不能常治，有弊所当革也；犹人身不能常安，有疾所当治也。溺于宴安，而因循弗革，是却医屏疾，而觊疾之自愈也。率意更张，而躁求速效，是杂方俱试，而幸其一中也。

释义：天下没有永远的安定太平，出现问题及时修正革弊，才能使国家长治久安，这就像人难免会生病，生了病就要及时对症下药进行治疗一样。

5. 出处：《韩非子·喻老》。

原文：《韩非子·喻老》："千丈之堤，以蝼蚁之穴溃；百尺之室，以突隙之烟焚。"后世据此典故引申出成语"蚁穴溃堤"。

释义：小事物的问题长期被忽视或不修缮，最终导致严重的后果。

二、整体阅读训练

1. 根本原因就在于不管是处于顺境还是逆境，我们党始终坚守为中国人民谋幸福、为中华民族谋复兴这个初心和使命，义无反顾向着这个目标前进，从而赢得了人民衷心拥护和坚定支持。

2. 一是要坚持加强党的集中统一领导和解决党内问题相统一；二是要坚持守正和创新相统一；三是要坚持严管和厚爱相统一；四是要坚持组织推动和个人主动相统一。

3. 示例：在我们的生活中，无论是学习还是工作，我们都需要不断地进行自我革新，才能保持自己的竞争力，提升自己的能力。自我革新就是通过不断地学习和反思，改变自己的思维方式和行为习惯，以适应不断变化的环境和需求。它是一种自我驱动的能力，能够帮助我们不断地进步和成长。

在自我革新的过程中，首先，我们需要保持开放的心态。只有愿意接受新的思想和观点，我们才能不断地学习和进步。其次，我们需要保持耐心和恒心。改变自己的习惯和思维方式并不是一件容易的事情，需要我们不断地努力和坚持。最后，我们需要保持积极的态度。在面对困难和挑战时，我们需要保持乐观和自信，相信自己能够克服它们。

8 努力成为可堪大用能担重任的栋梁之才

一、古诗文批注

1. 出处：《孟子·尽心下》。

原文：孔子曰："过我门而不入我室，我不憾焉者，其惟乡原乎！乡原，德之贼也。"（注：乡原，即乡愿）

释义：所谓乡愿，是败坏道德的人。

2. 出处：《孟子·尽心下》。

原文：非之无举也，刺之无刺也，同乎流俗，合乎污世，居之似忠信，行之似廉洁，众皆悦之，自以为是，而不可与入尧舜之道，故曰德之贼也。

释义：混同于流俗，迎合于浊世。

3. 出处：《庄子·至乐》。

原文：昔者管子有言，丘甚善之，曰："褚小者不可以怀大，绠短者不可以汲深。"

释义：口袋小了装不下大的东西，井绳短了打不到深处的水。

4. 出处：《说苑·建本》。

原文：子思曰：学所以益才也，砺所以致刃也。吾尝幽处而深思，不若学之速；吾尝跂而望，不若登高之博见。故顺风而呼，声不加疾，而闻者众；登丘而招，臂不加长，而见者远。故鱼乘于水，鸟乘于风，草木乘于时。

释义：要想增加才干，就要学习；要使刀刃锋利，就得勤加磨砺。

二、整体阅读训练

1. 第一，信念坚定、对党忠诚。第二，注重实际、实事求是。第三，勇于担当、善于作为。第四，坚持原则、敢于斗争。第五，严守规矩、不逾底线。第六，勤学苦练、增强本领。

2. 示例：江姐被竹签钉入指甲缝也没说出地下党的机密。概括内容略。

3. 示例：我们的日常学习是一个实践过程。习近平总书记指出"实践出真知，实践长真才"，就是告诉我们，要在实践中检验学习成效，以此体现学习的价值。我们只要坚持从日常生活的点点滴滴中学习，跟随老师、家长等的提示，就能在实践中收获新鲜的知识和经验，在解决实际问题的过程中掌握新的理论和方法，做到干中学、学中干，真正做到学以致用。

9 弘扬"红船精神" 走在时代前列

一、古诗文批注

1. 出处：梁启超《莅山西票商欢迎会学说词》。

   原文：夫旧而能守，斯亦已矣！然鄙人以为人之处于世也，如逆水行舟，不进则退。

   释义：顶着水流行船，不前进就要后退。

2. 出处：《荀子·王制》。

   原文：夫君者舟也，人者水也。水可载舟，亦可覆舟。君以此思危，则可知也。

   释义：水可以载着舟行驶，同样也可以让舟覆灭。

二、整体阅读训练

1. 红船精神源于我党的诞生，它包含了坚定的信念、无私的奉献、坚韧的毅力和无畏的创新等核心价值。这种精神鼓励我们在面对困难和挑战时，始终保持坚定的信念，勇往直前，不怕牺牲，勇于创新。

2. （1）"红船精神"是激励我们把握发展这一时代主题和党执政兴国第一要务，大胆探索、创新创业的强大思想武器。

   （2）"红船精神"是鼓舞我们坚定共产主义理想和中国特色社会主义信念，不畏艰险、艰苦奋斗的强大精神支柱。

   （3）"红船精神"是鞭策我们牢记立党为公、执政为民本质要求和全心全意为人民服务的根本宗旨，求真务实、一心为民的强大道德力量。

3. 示例：我们要将红船精神融入到日常的学习和生活中。在学习上，我们要有坚定的信念，对自己的未来有明确的目标和规划。在日常生活中，我们可以积极参与社会实践，将红船精神转化为实际行动。我们可以参加志愿者活动，为社区提供帮助；也可以参加社会实践活动，了解社会现状，增强自己的社会责任感。

4. 示例：长征精神。伟大的长征精神，概括起来就是胸怀目标、矢志不移的坚定信念，无所畏惧、勇往直前的英雄气概，实事求是、独立自主的创新胆略，顾全大局、紧密团结的革命风格，心系群众、患难与共的高尚情怀。在日常生活中，这种精神也是不可缺少的。同学有困难，我们要及时给予帮助，不能只顾自己的利益，对同学置之不理。我们是祖国的花朵，只要有了这种精神，我相信，将来我们一定开得很鲜艳，为祖国建设作出应有的贡献。

10 一个国家、一个民族不能没有灵魂

一、古诗文批注

1. 出处：《与元九书》。
   原文：自登朝来，年齿渐长，阅事渐多，每与人言，多询时务，每读书史，多求理道，始知文章合为时而著，歌诗合为事而作。
   释义：文章应该为时事而著作，诗歌应该为现实而创作。

2. 出处：王符《潜夫论·释难》。
   原文：是故大鹏之动，非一羽之轻也；骐骥之速，非一足之力也。众良相德，而积施乎无极也。尧舜两美，盖其则也。
   释义：大鹏冲天飞翔，不是靠一根羽毛的轻盈；骏马急速奔跑，不是靠一只脚的力量。

3. 出处：《左传》。
   原文：太上有立德，其次有立功，其次有立言，虽久不废，此之谓不朽。
   释义：人生最高的境界是树立德行，其次是建功立业，再次是著书立说。

4. 出处：《蝶恋花·槛菊愁烟兰泣露》。
   原文：昨夜西风凋碧树，独上高楼，望尽天涯路。
   释义：望尽那消失在天涯的道路。

5. 出处:《蝶恋花·槛菊愁烟兰泣露》。

原文:昨夜西风凋碧树,独上高楼,望尽天涯路。

释义:昨天夜里西风惨烈,使绿树凋零。

6. 出处:《蝶恋花·槛菊愁烟兰泣露》。

原文:昨夜西风凋碧树,独上高楼,望尽天涯路。

释义:我独自登上高楼。

7. 出处:《青玉案·元夕》。

原文:东风夜放花千树。更吹落、星如雨。宝马雕车香满路。凤箫声动,玉壶光转,一夜鱼龙舞。
蛾儿雪柳黄金缕。笑语盈盈暗香去。众里寻他千百度。蓦然回首,那人却在,灯火阑珊处。

释义:猛然回头,不经意间却在灯火零落之处发现了她。

二、整体阅读训练

1. 示例:一个国家、一个民族不能没有灵魂,作为精神事业,文化文艺、哲学社会科学当然就是一个灵魂的创作,一是不能没有,一是不能混乱。

2. 第一,希望大家坚持与时代同步伐。第二,希望大家坚持以人民为中心。第三,希望大家坚持以精品奉献人民。第四,希望大家坚持用明德引领风尚。

3. 示例:从古诗词的学习中可以感受到一年四季的变化。春天,看到了盛开的桃花,会明白什么是"桃之夭夭,灼灼其华";夏天在公园游玩,小舟在荷叶中穿过,知道了什么是"接天莲叶无穷碧",什么是"水光潋滟晴方好";秋天,过了天高云淡,就是凉风乍起,梧叶飘黄,知道了什么是"老树呈秋色",什么是"苒苒物华休";冬天,西风凛冽,天空阴沉,行人都急匆匆地奔走,到了家,烤着炉子,外边洋洋洒洒地下起了雪,知道了什么是"晚来天欲雪",什么是"红泥小火炉"。这些都是我们的宝贵财富,将伴随我们一生。

4. 示例:春天是人们所向往的季节,人们总是在这个季节里做好了自己的打算。俗话说:"一年之计在于春,一天之计在于晨。"它正告诉我们:

一年的愿望应该在春天计划好,一天之中最重要的时间是早晨。在春天里,人们就开始耕田插秧、栽树等之类的农活。"春眠不觉晓,处处闻啼鸟。"在春天里,动物们从沉睡中醒来,小草开始发芽了,大地上到处都显现出欣欣向荣的景象。一眼望去,大地就像一幅水彩画。

11 在纪念孙中山先生诞辰150周年大会上的讲话

一、古诗文批注

1. 出处:《实业计划》。

   原文:惟发展之权,操之在我则存,操之在人则亡,此后中国存亡之关键,则在此实业发展之一事也。

   释义:生存发展的权利要掌握在自己(国家)手里,这样才能获得生存,如果掌握在别人(外国)手里,就会灭亡。

二、整体阅读训练

1. (1)毅然投身民主革命事业,如创立兴中会、同盟会,提出三民主义,积极传播革命思想。

   (2)领导辛亥革命,推翻清王朝的统治,开创了完全意义上的近代民族民主革命,极大地推动了中华民族思想解放。

   (3)坚决反对军阀分裂割据,坚定维护民主共和制度和国家完整统一。

2. 答案略。答题要点:按照"没有……,没有……,一切……,都是……"的句式进行仿写。

3. 我选择的句子是"惟愿诸君将振兴中国之责任,置之于自身之肩上"。习近平总书记对广大中华儿女寄予深切的希望。的确,在实现中华民族伟大复兴的路途中,我们还有很长的路要走,还有很多困难和风险要去战胜。作为青少年学子,我们目前能做的就是用知识武装自己。

12 在纪念毛泽东同志诞辰130周年座谈会上的讲话

一、古诗文批注

1. 出处：毛泽东《七古·残句》。

原文：自信人生二百年，会当水击三千里。

释义："自信人生二百年"与勤奋有关，指珍惜时光，夜晚也当白昼使用，这样就会拥有两次人生的时间，显示了正值青春年少的毛泽东的壮志豪情。"会当水击三千里"化用《庄子·逍遥游》中的"鹏之徙于南冥也，水击三千里"。诗人跃动英姿在水中迎风劈浪，何等畅快淋漓，有水击三千里之感。诗人既豪迈，又对自己未来的前程满怀无穷的信心，相信此生鸿鹄之志定将实现。

二、整体阅读训练

1. 由于西方列强入侵和封建统治腐败，中国已逐步成为半殖民地半封建社会，救亡图存、振兴中华成为全体中国人民的共同梦想。中国人民奋起反抗，各种救国方案轮番出台，但都以失败告终。中国共产党登上历史舞台后，团结带领全国各族人民，进行了艰苦卓绝的抵御外敌入侵、反抗民族压迫和阶级压迫的伟大斗争。

2. 毛泽东同志带领人民开创了马克思主义中国化的历史进程。

毛泽东同志带领人民锻造了伟大光荣正确的中国共产党。

毛泽东同志带领人民建立了人民当家作主的新中国。

毛泽东同志带领人民创建了先进的社会主义制度。

毛泽东同志带领人民缔造了战无不胜的新型人民军队。

或依据文本进行概括：新民主主义革命时期，以毛泽东同志为主要代表的中国共产党人团结带领人民打败日本帝国主义，推翻国民党反动统治，完成新民主主义革命，建立了中华人民共和国。新中国成立后，团结带领人民进行社会主义革命，确立社会主义基本制度，推进社会主义建设，实现了中华民族有史以来最为广泛而深刻的社会变革，取得了社会主义建设的伟大成就。

3. 示例：1942年底，轰轰烈烈的延安大生产运动开始后，毛主席常常忙一晚，第二天下午照例还要和中央机关的同志们一块去参加劳动。机要科的同志们见主席工作那么忙，休息时间却那样少，很担心他累坏了身体。趁主席到地头去的当儿，他们几个机要员一合计，就抢着跑到主席面前，提出帮他挖地。主席慈祥地笑笑，望着他们这一帮十六七岁的小青年，摆手示意不让他们帮助，并说："你们挖的地，不算我的劳动，亲手干才算自己的劳动。"

4. 答案略，言之有理即可。

13 在纪念周恩来同志诞辰120周年座谈会上的讲话

一、古诗文批注

1. 出处：周恩来《送蓬仙兄返里有感》（其一）。

   原文：相逢萍水亦前缘，负笈津门岂偶然。扪虱倾谈惊四座，持螯下酒话当年。险夷不变应尝胆，道义争担敢息肩。待得归农功满日，他年预卜买邻钱。

   释义：大家遇到艰险困难，绝不动摇，更应刻苦自励，发奋图强，争担革命重担哪肯息肩。

2. 出处：周恩来《无题》。

   原文：大江歌罢掉头东，邃密群科济世穷。面壁十年图破壁，难酬蹈海亦英雄。

   释义：用了十年苦功，学成以后要回国干一番事业，挽救中国。

3. 出处：林则徐撰写的对联。

   原文：海纳百川，有容乃大；壁立千仞，无欲则刚。

   释义：大海辽阔无涯，是因为它能容纳千百条江河流水；山峰高高耸立，是因为它刚正无私，没有欲念。

4. 出处：孟郊《上达奚舍人》。

   原文：北山少日月，草木苦风霜。贫士在重坎，食梅有酸肠。万俗皆走圆，一身犹学方。常恐众毁至，春叶成秋黄。大贤秉高鉴，公烛无私光。暗室晓未及，幽行涕空行。

释义：真正的贤人要随时准备拿出大镜子来照自己，不让自己有丝毫的瑕疵，连公家的蜡烛这样的小东西、小利益，也绝对不会拿来给自己私用。

二、整体阅读训练

1.

时期	事迹
青少年时期	立志救国，确立信仰
革命时期	投身革命，指挥斗争
新中国成立后	建设祖国，重视外交
"文化大革命"时期	忍辱负重，苦撑危局

2.（1）不忘初心、坚守信仰。

（2）对党忠诚、维护大局。

（3）热爱人民、勤政为民。

（4）自我革命、永远奋斗。

（5）勇于担当、鞠躬尽瘁。

（6）严于律己、清正廉洁。

3. 例：《春日偶成》。极目青郊外，烟霾布正浓。中原方逐鹿，博浪踵相踪。感受：中华民族正处在深重的灾难中，周恩来忧国忧民，一心想要救国。他的一腔爱国热情溢于言表。

4. 示例：我想跟周总理说："总理，您曾说'愿相会于中华腾飞世界时'。如今的祖国繁荣昌盛，经济和科技越来越发达，中国屹立在世界之巅。中国的青少年也正焕发蓬勃生机，都在为祖国贡献自己的力量。总理，请您放心。这盛世，如您所愿。"

14 在纪念朱德同志诞辰130周年座谈会上的讲话

一、古诗文批注

1. 出处：朱德《顺庆府中学堂留别》。

原文：骊歌一曲思无穷，今古存亡忆记中。污吏岂知清似水，书生便应气如虹。恨他狼虎贪心黑，叹我河山泣泪红。祖国安危人有责，冲天壮志付飞鹏。

释义：国家的安危人人有责，胸怀（立志报国的）冲天壮志（踏上人生征程）。

2. 出处：朱德《秋兴八首用杜甫原韵·其四》。

原文：四野萧萧风雨急，中原黯黯鬼神愁。

释义：四面八方到处都是疾风骤雨，风雨声、草木摇落声不断。中原大地一片黑暗，鬼神都为之发愁。

3. 出处：《尚书·泰誓》。

原文：天视自我民视，天听自我民听。

释义：上天所看到的来自于我们老百姓所看到的，上天所听到的来自于我们老百姓所听到的。

二、整体阅读训练

1. C

2.

不同历史时期	不朽功勋
旧民主主义革命时期	加入孙中山先生领导的同盟会，积极投身于推翻清朝封建统治的辛亥革命，参加了护国战争和护法战争，成为滇军名将。
新民主主义革命时期	为中华民族独立和解放、为建立人民当家作主的新中国作出了杰出贡献。
新中国成立后	在党、国家、军队重要岗位上积极参与社会主义革命和建设的重要决策，为我国社会主义制度建立和各项建设事业发展作出重要贡献。

3. 我们纪念朱德同志，就是要学习他追求真理、不忘初心的坚定信念。
我们纪念朱德同志，就是要学习他无限忠诚、光明磊落的坚强党性。
我们纪念朱德同志，就是要学习他实事求是、求真务实的思想方法。
我们纪念朱德同志，就是要学习他心系人民、艰苦朴素的公仆情怀。

我们纪念朱德同志，就是要学习他一生学习、一生向前的奋斗精神。

4. 全党全军全国各族人民要更加紧密地团结在党中央周围，同心同德，锐意进取，顽强奋斗，继续把革命前辈开创的伟大事业推向前进，为创造更加灿烂辉煌的明天而努力奋斗！

15 做焦裕禄式的县委书记

一、古诗文批注

1. 出处：《韩非子·显学篇》。

原文：故明主之吏，宰相必起于州部，猛将必发于卒伍。

释义：宰相都是从基层州部中锻炼上来的，猛将都是从军队卒伍中摔打出来的。

2. 出处：马融《忠经》。

原文：善莫大于作忠，恶莫大于不忠。

释义：世上最大的善事莫过于奉行忠道。

3. 出处：《礼记》大学第四十二。

原文：民之所好好之，民之所恶恶之，此之谓民之父母。

释义：民众所喜爱的，（君子）也喜爱；民众所痛恨的，（君子）也痛恨。

4. 出处：《礼记》。

原文：大道之行，天下为公，选贤与能，讲信修睦。

释义：在大道施行的时候，天下是人们所共有的。

5. 出处：《论语·述而》。

原文：不义而富且贵，于我如浮云。

释义：用不正当的手段得来的富贵，对我来说就像浮云一样。

6. 出处：《论语·里仁》。

原文：君子喻于义，小人喻于利。

释义：君子懂得大义。

7. 出处：《论语·子路》。

原文：言必信，行必果，硁硁然小人哉！

释义：说了就一定守信用，做事一定办到。

8. 出处：《论语·里仁》。

原文：德不孤，必有邻。

释义：有道德的人是不会孤单的，一定有志同道合的人来和他相伴。

9. 出处：《论语·为政》。

原文：人而无信，不知其可也。大车无輗，小车无軏，其何以行之哉？

释义：一个人不讲信用，真不知道他能做什么。指人不讲信用是不行的。

二、整体阅读训练

1. （1）县一级处在承上启下的关键环节，是发展经济、保障民生、维护稳定、促进国家长治久安的重要基础。

（2）历朝历代都高度重视县级官员选拔任用。

（3）一个县就是一个基本完整的社会，"麻雀虽小，五脏俱全"。现在，县级政权所承担的责任越来越大，需要办的事情越来越多。县委书记在干部序列中说起来级别不高，但地位特殊。

2. 做县委书记就要做焦裕禄式的县委书记，始终做到心中有党、心中有民、心中有责、心中有戒。

3. （1）我们的权力是党和人民赋予的，是为党和人民做事用的，姓公不姓私，只能用来为党分忧、为国干事、为民谋利。

（2）县委书记是一班之长，要带头执行民主集中制。要按照程序进行决策，特别是涉及资金、项目、用人等重大问题，要经过集体研究，不搞个人专权。要善于把党委一班人、几大家班子和各级干部智慧集中起来，做到总揽不包揽、分工不分家、放手不撒手。要有胸怀，能容人容事，注意听取班子成员意见，带头增进和维护县委班子团结。

（3）依法治国的根基在基层。县委书记要做学法尊法守法用法的模范，善于运用法治思维谋划县域治理。自觉当依法治国的推动者、守护者。

（4）廉洁自律是共产党人为官从政的底线。要始终严格要求自己，把好权力关、金钱关、美色关，做到清清白白做人、干干净净做事、坦坦荡荡为官。要加强对亲属和身边工作人员的教育和约束，要求他们守德、守纪、守法。

（5）县委书记作为县里的权力人物和公众人物，要注意道德操守。要自觉弘扬和践行社会主义核心价值观，加强道德修养，追求健康情趣，慎重对待朋友交往，时刻检点自己生活的方方面面，引导全县形成健康向上的社会风尚。要不断体会和弘扬先人传承下来的传统美德。

4. 例1：共产党员坚守初心不是一时的事情，而是一辈子的事情。他心中有党，心中有民，任何时候，任何境遇，都把一心为民作为执政的价值追求，把人民的利益摆在第一位，生动地诠释了中国共产党赢得人民群众拥护和支持的根本原因。谷文昌用自己的言行交出了一份合格的答卷。

例2：东山岛漫山遍野的木麻黄是当年谷文昌老书记带领东山人民历尽千辛万苦种下的。没有谷文昌，就没有木麻黄，更没有今天美丽富饶的海岛。当干部，就要拼命为老百姓谋福利、干实事。群众想什么、盼什么，谷文昌就带领群众干什么。"只要是对百姓有利的事，哪怕排除万难也要做到。"谷文昌把群众呼声、群众满意作为干事创业的第一信号，把事情办到群众心坎上，真正成为群众的贴心人。

16 在知识分子、劳动模范、青年代表座谈会上的讲话

一、古诗文批注

1. 出处：范仲淹《岳阳楼记》。
原文：然则何时而乐耶？其必曰：先天下之忧而忧，后天下之乐而乐乎！噫！微斯人，吾谁与归！
释义：在天下人忧之前而忧，在天下人乐之后才乐。

2. 出处：王安石《题张司业诗》。
原文：苏州司业诗名老，乐府皆言妙入神。看似寻常最奇崛，成如容易却艰辛。
释义：看似寻常，实际最奇崛，写成好像容易，却饱含艰辛。

3. 出处：陆游《冬夜读书示子聿》。

原文：古人学问无遗力，少壮工夫老始成。纸上得来终觉浅，绝知此事要躬行。

释义：从书本上得来的知识，毕竟是不够完善的。如果想要深入理解其中的道理，必须要亲自实践才行。

4. 出处：《格言联璧》。

原文：志之所趋，无远弗届，穷山距海，不能限也。

释义：志向所趋，没有不能达到的地方，即使是山海尽头，也不能限制。

二、整体阅读训练

1.

对知识分子的要求	1. 勇立潮头，引领创新 2. 天下为公，担当道义
对劳动群众的要求	1. 勤于学习，提高素质，练就本领 2. 立足本职岗位，诚实劳动 3. 敢想敢干，敢于追梦
对广大青年的要求	1. 自觉践行社会主义核心价值观，不断养成高尚品格 2. 自觉加强学习，不断增强本领 3. 自觉奉献青春，为全面建成小康社会多作贡献 4. 不懂就学，不会就练

2. "劳模精神"是指：爱岗敬业、争创一流，艰苦奋斗、勇于创新，淡泊名利、甘于奉献。

我知道的劳动模范有：王进喜。

他的事迹：1938年，15岁的王进喜进入玉门石油公司当工人，新中国成立后历任玉门石油管理局钻井队长、大庆油田1205钻井队队长、大庆油田钻井指挥部副指挥。1956年加入中国共产党。他率领1205钻井队艰苦创业，打出了大庆第一口油井，并创造了年进尺10万米的世界钻井纪录，展现了大庆石油工人的气概，为我国石油事业立下了汗马功劳，成为中国工业战线一面火红的旗帜。

王进喜以"宁可少活二十年，拼命也要拿下大油田"的顽强意志和冲天干劲，被誉为油田铁人。

3. 不认同。俗话说"天下兴亡，匹夫有责"，只有国家强大安全，人民的生活才会有保障。每个人都应该把国家、民族的利益摆在首位，为祖国的前途、命运分愁担忧。

4. "有字之书"指的是书本，"无字之书"指的是生活实践经验。我们既要学习课本上的知识，更应该重视实践，积累生活实践经验。所有知识要转化为能力，都必须躬身实践。要坚持知行合一，注重在实践中学真知、悟真谛，加强磨练、增长本领。

17 在同各界优秀青年代表座谈时的讲话

一、古诗文批注

1. 出处：《尚书·周书·周官》。

原文：功崇惟志，业广惟勤。

释义：取得伟大的功业，是由于有伟大的志向；完成伟大的功业，在于辛勤不懈地工作。

2. 出处：袁枚《续诗品·尚识》。

原文：学如弓弩，才如箭镞，识以领之，方能中鹄。

释义：学问的根基如弓，人的才能如箭。

3. 出处：《礼记·大学》。

原文：汤之盘铭曰："苟日新，日日新，又日新。"

释义：如果能够一天新，就应保持天天新，新了还要更新。

4. 出处：《警世贤文》。

原文：宝剑锋从磨砺出，梅花香自苦寒来。

释义：宝剑的锐利刀锋是从不断的磨砺中得到的，梅花飘香来自它度过了寒冷的冬季。

5. 出处：《国语·周语下》。

原文：从善如登，从恶如崩。

释义：向好发展就像登山一样艰难，向坏发展就像山崩一样迅速。

二、整体阅读训练

1. 运用了举例论证的方法，通过列举历史进程中青年不懈追求美好梦想、振兴中华的例子，使论证更加具体，更具说服力。

2. 第一，广大青年一定要坚定理想信念。

第二，广大青年一定要练就过硬本领。

第三，广大青年一定要勇于创新创造。

第四，广大青年一定要矢志艰苦奋斗。

第五，广大青年一定要锤炼高尚品格。

3. 幸福都是奋斗出来的，奋斗本身就是一种幸福。青年时期多经历一些摔打、挫折、考验，有利于走好一生的路。

4. 示例：1949年当中华人民共和国宣告诞生的消息传到美国后，钱学森和夫人蒋英便商量着早日赶回祖国，为自己的国家效力。1950年，钱学森上港口准备回国时，被美国官员拦住，并被拘留。当时美国海军次长丹尼·金布尔声称：钱学森无论走到哪里，都抵得上5个师的兵力。从此，钱学森受到了美国政府迫害，同时也失去了宝贵的自由。1955年，经过周恩来总理的不断努力，钱学森终于踏上回国的路程。回到祖国后，他发挥自己的才能，使中国导弹、原子弹的发射向前推进了至少20年。他是中国载人航天的奠基人，被誉为"中国航天之父""火箭之王"。

18 青年要自觉践行社会主义核心价值观
——在北京大学师生座谈会上的讲话

一、古诗文批注

1. 出处：诸葛亮《诫子书》。

原文：夫君子之行，静以修身，俭以养德。非淡泊无以明志，非宁静无以致远。夫学须静也，才须学也，非学无以广才，非志无以成学。

释义：不学习就难以增长才干，不立志就难以学有所成。

2. 出处：毛泽东《沁园春·长沙》。

原文：恰同学少年，风华正茂；书生意气，挥斥方遒。

释义：回想学生时代，充满朝气、富有活力、意气风发。

3. 出处：《论语·为政》。

原文：子曰："学而不思则罔，思而不学则殆。"

释义：一味读书而不思考，就会因为不能深刻理解书本的意义而不能合理有效利用书本的知识，甚至会陷入迷茫。而如果一味空想而不去进行实实在在的学习和钻研，则终究是沙上建塔，一无所得。

4. 出处：刘禹锡《浪淘沙》其八。

原文：莫道谗言如浪深，莫言迁客似沙沉。千淘万漉虽辛苦，吹尽狂沙始到金。

释义：淘金要千遍万遍地过滤，虽然辛苦，但只有淘尽了泥沙，才会露出闪亮的黄金。

5. 出处：《礼记·中庸》。

原文：博学之，审问之，慎思之，明辨之，笃行之。有弗学，学之弗能，弗措也；有弗问，问之弗知，弗措也；有弗思，思之弗得，弗措也；有弗辨，辨之弗明，弗措也；有弗行，行之弗笃，弗措也。人一能之，己百之；人十能之，己千之。果能此道矣，虽愚必明，虽柔必强。

释义：要博学多才，就要对学问详细地询问，彻底搞懂，要慎重地思考，要明白地辨别，要切实地力行。

6. 出处：《道德经·第六十三章》。

原文：为无为，事无事，味无味。大小多少，报怨以德。图难于其易，为大于其细。天下难事，必作于易；天下大事，必作于细。是以圣人终不为大，故能成其大。夫轻诺必寡信，多易必多难。是以圣人犹难之，故终无难矣。

释义：天下的难事都是从容易的时候发展起来的，天下的大事都是从细小的地方一步步形成的。

二、整体阅读训练

1. （1）要勤学，下得苦功夫，求得真学问。

（2）要修德，加强道德修养，注重道德实践。

（3）要明辨，善于明辨是非，善于决断选择。

（4）要笃实，扎扎实实干事，踏踏实实做人。

2. 言之有理即可。例："己所不欲，勿施于人"的意思是自己不愿意的，不要强行施加给别人。这句话教育我在现实生活中要做到换位思考，尊重他人，与人为善。

3. 树立爱国意识，传承优秀文化传统，努力学习科学文化知识，树立远大理想，勇敢进行实践。

4. 言之有理即可。例："爱国：天下兴亡，匹夫有责。"

19 在北京大学师生座谈会上的讲话

一、古诗文批注

1. 出处：张之洞《创设储才学堂折》。

原文：国势之强由于人，人材之成出于学。

释义：国家的强盛要依靠人才，人才的培养要依靠教育。

2. 出处：《礼记·大学》。

原文：大学之道，在明明德，在亲民，在止于至善。

释义：多多学习的目的，在于彰明内心美善的德性，在于使人自新，在于使人处于最美善的道德境界。

3. 出处：司马光《资治通鉴》。

原文：才者，德之资也；德者，才之帅也。

释义：才，是德的辅助；德，是才的统帅。

4. 出处：刘昼《刘子·崇学》。

原文：为山者，基于一篑之土，以成千丈之峭；凿井者，起于三寸之坎，以就万仞之深。

释义：凿井的人，从挖很浅的土坑开始，最后挖成万丈的深井。

5. 出处：苏轼《晁错论》。

原文：古之立大事者，不惟有超世之才，亦必有坚忍不拔之志。

释义：自古以来凡是做大事业的人，不仅有出类拔萃的才能，还一定要有坚韧不拔的意志。

6. 出处：《礼记·学记》。

原文：玉不琢，不成器；人不学，不知道。是故古之王者建国君民，教学为先。

释义：玉石不经雕琢，就不能变成好的器物；人不经过学习，就不会明白道理。

7. 出处：王阳明《传习录》。

原文：知者行之始，行者知之成。圣学只一个功夫，知、行不可分作两事。

释义：知是行的开始，行是知的完成。

二、整体阅读训练

1. 2014年提出的要求：具有执着的信念、优良的品德、丰富的知识、过硬的本领。

2018年提出的要求：一是要爱国，忠于祖国，忠于人民。
二是要励志，立鸿鹄志，做奋斗者。
三是要求真，求真学问，练真本领。
四是要力行，知行合一，做实干家。

2. 结合生活实际论述。

3. 讲话从学校和个人两个方面展开论述。在学校层面：明确学校教育的重要性，明确办学要遵守的基本工作原则；在个人层面：对当代青年提出四点要求，鼓励他们担当使命，为实现中国梦而不懈奋斗。

4. 结合生活实际论述。

20 做党和人民满意的好老师
——同北京师范大学师生代表座谈时的讲话

一、古诗文批注

1. 出处：荀况《荀子·大略》。

原文：国将兴，必贵师而重傅；贵师而重傅，则法度存。国将衰，必贱师而轻傅；贱师而轻傅，则人有快，人有快而法度坏。

释义：国家想要兴盛，必须尊敬教师，重视传授专长技术的师傅。尊敬教师，重视师傅，国家的法律制度就能得以保存。

2. 出处：韩愈《师说》。

原文：古之学者必有师。师者，所以传道授业解惑也。

释义：老师，是传播道理、教授学业、解释疑难问题的人。

3. 出处：《周书·列传》。

原文：经师易求，人师难得。

释义：找个教书本知识的老师很容易，找个教你怎么做人且以自己的行为教导你的老师却很难。

4. 出处：《礼记·文王世子》。

原文：师也者，教之以事而喻诸德者也；保也者，慎其身以辅翼之，而归诸道者也。

释义：老师，用事实教育世子，把其中所体现的德行告诉世子。

5. 出处：柳永《蝶恋花·伫倚危楼风细细》。

原文：衣带渐宽终不悔，为伊消得人憔悴。

释义：我日渐消瘦也不觉得懊悔，为了她，我情愿一身憔悴。

6. 出处：《庄子·内篇·逍遥游》。

原文：且夫水之积也不厚，则其负大舟也无力。

释义：水积蓄得不够深厚，就没有负载大船的力量。

7. 出处：《论语·述而》。

原文：默而识之，学而不厌，诲人不倦，何有于我哉？

释义：勤奋学习而不满足，教导别人而不倦怠。

二、整体阅读训练

1. 第一，做好老师，要有理想信念。第二，做好老师，要有道德情操。第三，做好老师，要有扎实学识。第四，做好老师，要有仁爱之心。

2. （1）扎实的知识功底、过硬的教学能力、勤勉的教学态度、科学的教学方法是老师的基本素质，其中知识是根本基础。

（2）在信息时代做好老师，不仅要有胜任教学的专业知识，还要有广博的通用知识和宽阔的胸怀视野。

（3）老师始终处于学习状态，站在知识发展前沿，刻苦钻研、严谨笃学，不断充实、拓展、提高自己。

3. （1）各级党委和政府要从战略高度来认识教师工作的极端重要性，把加强教师队伍建设作为基础工作来抓。

（2）要制定切实可行的政策措施，鼓励有志青年到农村、到边远地区为国家教育事业建功立业。

（3）要加强教师教育体系建设，加大对师范院校的支持力度，不断提高教师培养培训的质量。

（4）要让全社会广泛了解教师工作的重要性和特殊性，让尊师重教蔚然成风。

4. 略。

21 二〇一八年新年贺词

一、古诗文批注

1. 出处：杜甫《茅屋为秋风所破歌》。

原文：安得广厦千万间，大庇天下寒士俱欢颜，风雨不动安如山！

释义：怎样才能得到千万间宽大的房屋，给天下贫寒的读书人遮风避雨，使他们能喜笑颜开。

2. 出处：《老子》。

原文：合抱之木，生于毫末；九层之台，起于累土；千里之行，始于足下。

释义：九层的高台，筑起于每一堆泥土。引喻做事是从最基本开始，经过逐步的积累，才能有所成就。

3. 出处：李大钊《史学要论》。

原文：凡事都要脚踏实地去作，不驰于空想，不骛于虚声，而惟以求真的态度作踏实的工夫。

释义：不能只是空想而不行动，不能去追求一些虚幻的东西，凡事都要脚踏实地去做。

二、整体阅读训练

1. 要把这个蓝图变为现实，必须不驰于空想、不骛于虚声，一步一个脚印，踏踏实实干好工作。

2. 中国坚定维护联合国权威和地位，积极履行应尽的国际义务和责任，信守应对全球气候变化的承诺，积极推动共建"一带一路"。

3. 略。

22 二〇二一年新年贺词

一、古诗文批注

1. 出处：俗语。

原文：惟其艰难，方显勇毅；惟其笃行，弥足珍贵；惟其磨砺，始得玉成。

释义：只有经历过艰难困苦、坎坷波折，才能显示出一个人的勇敢坚毅的品格；只有经历过困难艰险的打磨，才能像块玉石一样琢磨成器，显示出非凡的美丽。

2. 出处：郑燮《竹石》。

原文：咬定青山不放松，立根原在破岩中。千磨万击还坚劲，任尔东西南北风。

释义：紧紧咬定青山不放松。

3. 出处：《道德经》《论语》《礼记》。

原文：万物之始，大道至简，衍化至繁。——《道德经》

大道之行也，天下为公。——《礼记》

德不孤，必有邻。——《论语》

释义：在正确的道路上不会孤单，天下一家亲。

二、整体阅读训练

1. 挑战：突如其来的新冠肺炎疫情。

成就：（1）新发展格局加快构建，高质量发展深入实施。

（2）全面建成小康社会取得伟大历史性成就，决战脱贫攻坚取得决定性胜利。

（3）深圳等经济特区建立40周年，上海浦东开发开放30周年。

2. （1）决战决胜脱贫攻坚。

（2）深化改革扩大开放。

（3）构建人类命运共同体。

3. 提示：可以写亲身经历的抗疫场景，如做核酸检测、上网课，也可以写通过新闻了解到的抗疫事件和抗疫英雄人物事迹。

4. 根据自己的实际情况回答即可。

23 二〇二二年新年贺词

一、古诗文批注

1. 出处：《礼记·中庸》。

原文：故君子尊德性而道问学，致广大而尽精微，极高明而道中庸。

释义：本句体现了儒家既尊奉道体之大，又穷尽道体之细，既从广大处着眼，又从精微处入手，从而于平实中达到高明的中庸智慧。

二、整体阅读训练

1. "出差"一词贴切又幽默，不仅体现了对三位宇航员遨游太空、辛苦付出的牵挂，还能够用亲切的口吻拉近与读者之间的距离，更加"接地气"。

2. 我想要分享的内容是"清澈的爱，只为中国"。喀喇昆仑戍边战士陈祥榕在守卫祖国疆土时以身许国，牺牲时还不满19周岁。他曾郑重写下战斗口号：清澈的爱，只为中国！他也用生命践行了自己对祖国的誓言。

3. 言之有理即可。

24 二〇二三年新年贺词

一、古诗文批注

1. 出处：张载《西铭》。

原文：贫贱忧戚，庸玉汝于成。

释义：贫穷、低贱、忧伤、灾难等种种艰难困苦，往往可以像打磨玉石一样磨砺人的意志，使之终有所成。

2. 出处：苏轼《思治论》。

原文：古之人，有犯其至难而图其至远者，彼独何术？

释义：向最难处攻坚，追求最远大的目标。

3. 出处：《荀子·修身》。

原文：道虽迩，不行不至；事虽小，不为不成。

释义：《荀子·修身》中的意思是路虽近，你不走，不会自己到。事情虽小，你不去做，不会自己完成。讲话稿的意思是前进的路途虽然遥远，但只要坚持下去必将到达目的地，事情虽然难办，但只要付诸行动，就有成功的一天。

二、整体阅读训练

1. 各自由贸易试验区、海南自由贸易港蓬勃兴起，沿海地区踊跃创新，中西部地区加快发展，东北振兴蓄势待发，边疆地区兴边富民。中国经济韧性强、潜力大、活力足，长期向好的基本面依然不变。

2. 总结今天的中国：今天的中国，是梦想接连实现的中国。今天的中国，是充满生机活力的中国。今天的中国，是赓续民族精神的中国。今天的中国，是紧密联系世界的中国。

展望明天的中国：明天的中国，奋斗创造奇迹。明天的中国，力量源于团结。明天的中国，希望寄予青年。

3. 略。

25 二〇二四年新年贺词

一、古诗文批注

1. 出处：杜甫《小至》。王闿运《湘绮楼诗文集》。

原文：天时人事日相催，冬至阳生春又来。（杜甫）

　　　律转岁回，条宣吏暇。（王闿运）

释义：冬至后阳气上升。

　　　年岁轮回，节律流转。

二、整体阅读训练

1. 在成都大运会、杭州亚运会上，我看到了体育健儿勇创佳绩，为国争光，他们脸上洋溢着的喜悦是我们国家日益强大的写照。在国庆假期，我与家人到北京旅游，看到了人们享受生活、热爱生活的真实场景，这是一个活力满满、热气腾腾的中国。

2. 仿写略。

3. 金句："人民永远是我们战胜一切困难挑战的最大依靠。"自古以来，我们就有以民为本的思想。《孟子》云："民为贵，社稷次之，君为轻。"人民是历史的创造者，在中华民族伟大复兴的道路上，我们要永远依靠人民、信任人民。

26 共担时代责任，共促全球发展

一、古诗文批注

1. 出处：《古诗二首·甘瓜抱苦蒂》。

原文：甘瓜抱苦蒂，美枣生荆棘。利旁有倚刀，贪人还自贼。

释义：再甘甜的瓜，其所连接的瓜蒂都是苦的；再美味的枣子，都长在带刺的荆棘上。

2. 出处：《礼记》。

原文：大道之行也，天下为公，选贤与能，讲信修睦。

释义：在大道施行的时候，天下是人们所共有的。

3. 出处：《淮南子·主术训》。

原文：而君人者，不下庙堂之上，而知四海之外者，因物以识物，因人以知人也。故积力之所举，则无不胜也；众智之所为，则无不成也。

释义：只要人们团结起来，集思广益，每个人都发挥自己的智慧，就没有不能克服的困难，就没有不能成就的事业。

二、整体阅读训练

1. 一是全球增长动能不足，难以支撑世界经济持续稳定增长；二是全球经济治理滞后，难以适应世界经济新变化；三是全球发展失衡，难以满足人们对美好生活的期待。

2. 第一，坚持创新驱动，打造富有活力的增长模式。第二，坚持协同联动，打造开放共赢的合作模式。第三，坚持与时俱进，打造公正合理的治理模式。第四，坚持公平包容，打造平衡普惠的发展模式。

3. 示例：不断地认识自我。这是一个辩证的过程，如同在镜子前审视自己，既看到自己的优点和长处，也认清自己的缺点和不足。我们需要客观地评价自己，不被自己的优点所迷惑，也不因自己的缺点而自卑。只有全面、真实地认识自我，才能更好地成长和进步。

27 坚定信心　勇毅前行　共创后疫情时代美好世界

一、古诗文批注

1. 出处：吕祖谦《东莱博议·葵邱之会》。
原文：天下之势不盛则衰，天下之治不进则退。强而止于强，必不能保其强；霸而止于霸，必不能保其霸也。
释义：天下的形势不强盛就会走向衰落，国家的治理不寻求发展就会面临倒退。

2. 出处：钟会《刍荛论》。
原文：国之称富者，在乎丰民，非独谓府库盈、仓廪实也。
释义：一个国家的真正富裕是指人民富裕。

二、整体阅读训练

1. 第一，携手合作，聚力战胜疫情。第二，化解全球产业链供应链紊乱等各类风险，促进世界经济稳定复苏。第三，跨越发展鸿沟，重振全球发展事业。第四，摒弃冷战思维，实现和平共处、互利共赢。

2. 小院高墙：设置壁垒，限制交流。小圈子：拉帮结派，对抗竞争。

态度：要摒弃冷战思维，实现和平共处、互利共赢。历史反复证明，对抗不仅于事无补，而且会带来灾难性后果。搞保护主义、单边主义，谁也保护不了，最终只会损人害己。不同国家、不同文明要在彼此尊重中共同发展、在求同存异中合作共赢。

3. （1）坚持绿水青山就是金山银山的理念，推动山水林田湖草沙一体化保护和系统治理，全力以赴推进生态文明建设，全力以赴加强污染防治，全力以赴改善人民生产生活环境。

（2）实现碳达峰碳中和是中国高质量发展的内在要求，也是中国对国际社会的庄严承诺。积极开展应对气候变化国际合作，共同推进经济社会发展全面绿色转型。

4. 言之有理即可。例：在疫情这一共同威胁面前，没有谁可以独善其身。唯有彼此间信赖、相互间合作，人类才能在考验下勇毅前行。最初，武汉出现疫情之时，中华民族"一方有难，八方支援"，各地医疗团队定点援助，全国人民同心共力、共克时艰。中国在世界疫情面前，展现了大国担当、言必信、行必果，向多个国家和国际组织提供疫苗或者无偿援助疫苗，与世界人民一道协力战胜疫情。

28 抓住世界经济转型机遇 谋求亚太更大发展

一、古诗文批注

1. 出处：《论语·微子》。

原文：楚狂接舆歌而过孔子曰："凤兮凤兮，何德之衰！往者不可谏，来者犹可追。已而，已而！今之从政者殆而！"

释义：过往的不能再挽回，未来的还能补救。

2. 出处：《墨子·公孟》。

原文：子墨子曰："政者，口言之，身必行之。"

释义：墨子说："从政的人，嘴巴上说的，行动上一定要做到。"

二、整体阅读训练

1. 我们正面临增长动能的深刻转变、全球发展方式的深刻转变、经济全球化进程的深刻转变和全球经济治理体系的深刻转变。

2. 第一，继续坚持建设开放型经济，努力实现互利共赢。第二，继续谋求创新增长，挖掘发展新动能。第三，继续加强互联互通，实现联动发展。第四，继续增强经济发展包容性，让民众共享发展成果。

3.（1）全面深化改革，持续释放发展活力。

（2）与时俱进，创新发展方式。

（3）进一步走向世界，发展更高层次开放型经济。

（4）以人民为中心，迈向美好生活。

（5）推动构建新型国际关系，推动构建人类命运共同体。

4. 示例："口言之，身必行之"的意思是嘴上说的，一定要做到。我的身边也有这样的人，小明就是一个言出必行的人，他在半期考试后立志要好好学习语文，提高自己的成绩。于是，他在每个晨读都认真背诵，每节课上都认真听讲，遇到不懂的问题也会找老师讨论，严格执行自己制订的计划，让自己逐步提升。

29 命运与共　共建家园

一、古诗文批注

1. 出处：《论语·卫灵公》。

原文：其恕乎！己所不欲，勿施于人。

释义：自己不愿意的，不要施加给别人。

2. 出处：陈元靓《事林广记》。

原文：流水下滩非有意，白云出岫本无心。路遥知马力，事久见人心。

释义：路途遥远才能知道马力气的大小，经历的事情多了才能看出人心的好坏。

3. 出处：《晏子春秋·问上》。

原文：晏子曰："谋度于义者必得，事因于民者必成。"

释义：合乎道义的办法一定成功，事情依靠百姓来办一定办得成。

二、整体阅读训练

1. 30年来中国—东盟合作的成就，得益于双方地缘相近、人文相通得天独厚的条件，更离不开我们积极顺应时代发展潮流，作出正确历史选择。具体原因如下：一是相互尊重，坚守国际关系基本准则。二是合作共赢，走和平发展道路。三是守望相助，践行亲诚惠容理念。四是包容互鉴，共建开放的区域主义。

2.

和平家园	践行真正的多边主义，坚持国际和地区的事大家商量着办。坚决反对霸权主义和强权政治，愿同周边邻国长期友好相处，共同维护地区持久和平。
安宁家园	中方愿提供医疗援助，帮助东盟加强基层公共卫生体系建设和人才培养，提高应对重大突发公共卫生事件能力。共同维护南海稳定，把南海建成和平之海、友谊之海、合作之海。
繁荣家园	中方向东盟提供发展援助，用于东盟国家抗疫和恢复经济，促进均衡包容发展。要高质量共建"一带一路"，同东盟提出的印太展望开展合作。
美丽家园	人与自然和谐共生是实现永续发展的基础。中方愿同东盟开展应对气候变化对话，加强政策沟通和经验分享，对接可持续发展规划。
友好家园	要倡导和平、发展、公平、正义、民主、自由的全人类共同价值，深化文明交流互鉴，用好地区多元文化特色和优势。

3. 从"一带一路""共克疫情""志愿建设"等角度出发谈对和平共处五项原则的理解。

4. 言之有理即可。例：结缘冰雪世界，共创美好未来。

30 共同构建人类命运共同体

一、古诗文批注

1. 出处：《尚书·洪范》。

原文：无偏无党，王道荡荡；无党无偏，王道平平。

释义：执政时没有偏心，不结党营私，仁义之道就会更宽广。

2. 出处：刘向《战国策·赵策一》。

原文：前事之不忘，后事之师，君若弗图，则臣力不足。

释义：记住过去的经验教训，可作以后行事的借鉴。

3. 出处：陈寿《三国志·夏侯玄传》。

原文：夫和羹之美，在于合异，上下之益，在能相济，顺从乃安，此琴瑟一声也，荡而除之，则官省事简，二也。

释义：制作羹汤的美味，在于调和各种不同的滋味。

4. 出处：《孙子兵法》。

原文：孙子曰："兵者，国之大事，死生之地，存亡之道，不可不察也。"

释义：战争，是国家的头等大事，是关系民众生死的所在，是决定国家存亡的途径，不能不认真加以考察、研究。

二、整体阅读训练

1. （1）坚持对话协商，建设一个持久和平的世界。

（2）坚持共建共享，建设一个普遍安全的世界。

（3）坚持合作共赢，建设一个共同繁荣的世界。

（4）坚持交流互鉴，建设一个开放包容的世界。

（5）坚持绿色低碳，建设一个清洁美丽的世界。

2. （1）内容阐述：借西方传说中的典故，表达世界人民向往和平、渴望杜绝战争的向往。

（2）表达效果：引用西方传说中的典故，拉近与西方听众距离，引发共鸣；使立论有根据，委婉表意，更富文采。

3. （1）中国维护世界和平的决心不会改变。中国人民深信，只有和平安宁才能繁荣发展。中国从一个积贫积弱的国家发展成为世界第二大经济体，靠的不是对外军事扩张和殖民掠夺，而是人民勤劳、维护和平。

（2）中国促进共同发展的决心不会改变。中国在力所能及的范围内加大对外帮扶。中国经济增长对世界经济增长的贡献率高，对外贸易、投资、出境旅游为世界各国发展带来更多机遇。中国解决了13亿多人口的温饱问题，让7亿多人口摆脱贫困，这是对世界人权事业的重大贡献。中国提出"一带一路"倡议，努力实现共赢共享发展。

（3）中国打造伙伴关系的决心不会改变。中国坚持独立自主的和平外交政策，在和平共处五项原则基础上同所有国家发展友好合作。

（4）中国支持多边主义的决心不会改变。中国—联合国和平与发展基金优先用于联合国及日内瓦相关国际机构提出的和平与发展项目。

4. 正面案例：1955年，在印度尼西亚的万隆市，亚非国家召开了历史上第一次没有西方殖民者参加的国际会议——亚非会议。中国总理周恩来率团参加了会议，并提出了"求同存异"的原则。会议的成功揭开了亚非历史的新篇章。会议及其决议被归结为"万隆精神"，指的是亚非人民在维护民族独立、保卫世界和平、反帝反殖的斗争中团结战斗的精神；也是在和平共处的十项原则基础上，本着"求同存异"的方针，加强亚非国家间的友好往来和团结合作的精神。

反面案例：因宗教信仰、领土争端、历史问题等各方面因素导致的巴以冲突危及区域和平稳定和人民群众的生命财产安全。

后 记

丰富立德树人课程资源　拓展文化自信传播渠道

党的十八大以来，以习近平同志为核心的党中央带领全党全国各族人民坚定不移全面建设社会主义现代化国家、全面推进中华民族伟大复兴，开启了中国改革开放和现代化建设新征程。

2016年7月1日，习近平总书记在庆祝中国共产党成立95周年大会上明确提出：中国共产党人要坚持"中国特色社会主义道路自信、理论自信、制度自信、文化自信"。习近平总书记指出："我们要坚信，中国特色社会主义道路是实现社会主义现代化的必由之路，是创造人民美好生活的必由之路；我们要坚信，中国特色社会主义理论体系是指导党和人民沿着中国特色社会主义道路实现中华民族伟大复兴的正确理论，是立于时代前沿、与时俱进的科学理论；我们要坚信，中国特色社会主义制度是当代中国发展进步的根本制度保障，是具有鲜明中国特色、明显制度优势、强大自我完善能力的先进制度。"文化自信是对中国特色社会主义文化先进性的自信。坚持文化自信，就是要激发党和人民对中华优秀传统文化的历史自豪感，在全社会形成对社会主义核心价值观的普遍共识和价值认同。"中国特色社会主义道路自信、理论自信、制度自信、文化自信"简称"四个自信"，成为习近平新时代中国特色社会主义思想的重要组成部分。

习近平总书记在党的二十大报告中，精准总结了中国共产党实现"马克思主义中国化时代化"的两大途径，指出："只有把马克思主义基本原理同中国具体实际相结合、同中华优秀传统文化相结合，坚持运用辩证唯物主义和历史唯物主义，才能正确回答时代和实践提出的重大问题，才能始终保持马克思主义的蓬勃生机和旺盛活力。"习近平总书记在论述中，给予中华优秀传统文化高度评价，指出："中华优秀传统文化源远流长、博大精深，是中华文明的智慧结晶，其中蕴含的天下为公、民为邦本、为政以德、革故鼎新、任人唯贤、天人合一、自强不息、厚德载物、讲信修睦、亲仁善邻等，是中国人民在长期生产生活中积累的宇宙观、天下观、社会观、道德观的重要体现，同科学社会主义价值观主张具有高度契合性。"

党的十八大以来，习近平总书记在许多重要节点、各大场合发表重要讲话。其内容包含新历史条件下党和国家发展的新思想、新观点、新论断，他的讲话结合时事、旁征博引，很多讲话内容涉及了诸多情感丰富、意境深邃、启迪深远的古诗文，对中小学生具有培根铸魂、启智增慧的作用。内容论述引人深思，且纲目清晰、论述严谨、论证有力，是中小学生典型且鲜活的"思辨性阅读与表达"的资源。

《义务教育语文课程标准（2022年版）》将语文学科核心素养界定为"文化自信、语言运用、思维能力、审美创造"四个方面，将文化自信作为语文学科核心素养培养的首要任务。《义务教育语文课程标准（2022年版）》对6年级学生和7—9年级学生学习古诗文的具体要求：对6年级学生提出"通过语调、韵律、节奏等体味作品的内容和情感"规定，对7—9年级学生提出"诵读古代诗词，阅读浅易文言文，能借助注释和工具书理解基本内容"要求。《义务教育语文课程标准（2022年版）》在思辨性阅读与表达板块中要求7—9年级学生能够通过学习理论文章、经典的思辨性文本，理解作者的立场、观点与方法；围绕社会热点问题，以口头或书面方式参与讨论。

由此可见，蕴含中华优秀传统文化的习近平总书记讲话内容将助力学生更加深刻地理解以古诗文为主要代表的中华优秀传统文化，是语文教材的有益补充，可作为学校强化立德树人的重要教学资源，其论述风格对于培养学生的逻辑思维也有极大的帮助。

厦门五缘第二实验学校是厦门市教育局直属的一所九年一贯制学校。2015年创校以来，学校"以贯彻党的教育方针，实施素质教育，狠抓规范，发展潜能，成全人的全面发展"为办学理念，根据九年一贯制学校学生身心快速发展、规范逐步养成、思维定势开始形成等特点，制定了五位一体的培养目标，即健康活泼、乐于进取、至诚明德、知止感恩、好学善思、敏事慎言，养成规范、基础扎实，学有所长、全面发展。无论是办学理念所倡导的"狠抓规范"，还是培养目标中明确的"乐于进取、至诚明德、知止感恩"，均体现出学校对以规范养成为突破口的德育工作的高度重视，通过课程育德、实践育德、活动育德、文化育德等途径，形成"知行合一，从心笃行""乐学·善学·崇学"的良好校风与学风，不断彰显学生规范养成、德育育德在他们成长道路上的潜移默化影响；通过国家课程校本化、德育课程时代化，不断丰富立德树人的课程资源。

学校自2021—2022学年开始尝试将习近平新时代中国特色社会主义思想纳入课程，组织编印相关课程资源。2021—2022学年第二学期，我校中小学衔接阶段语文课程分为"古诗文""阅读"与"习典欣赏"三门课程。学校组织力量选取了习近平《在纪念周恩来同志诞辰120周年座谈会上的讲话》等8篇全文，并按照阅读课的要求和阅读教材编撰体系编写每一篇讲话的导读，提出阅读任务，专门列出所引用的典籍。其中较为出彩的是引导学生阅读讲话后就其中所引用的典籍开展研究性学习。

2022—2023学年第二学期，我校在总结前一年教学实践的基础上，继续开设"习典欣赏"这一课程。借助这一课程，引导学生学习讲话，实现将习近平新时代中国特色社会主义思想进学校、进课堂、进学生头脑的目标。学校组织教师对2021—2022学年选取的材料再次进行梳理，编写新的阅读任务，完善导读部分的内容，并在六、七年级学生中开展同课异构的教学实践与研讨。

两年的教学实践取得明显成效。一是提供学生接触、学习习近平新时代中国特色社会主义思想的机会。我们通过学科融合、内容渗透等途径有机地在学生中传播习近平新时代中国特色社会主义思想，确保习近平新时代中国特色社会主义思想进课堂、进学生头脑。二是极大地激发了学生学习古诗文的兴趣，学生学习古诗文有了全新的载体与文本。三是提供学生欣赏古诗文内容实际运用的机会，转变学生学习古诗文的学习方式。四是极大地丰富了立德树人的课程资源。

在前期教学实践基础上，学校总结经验，组织教师精选习近平总书记讲话内容，按照阅读课教学要求，编辑成册，以此丰富学校立德树人课程资源，拓展文化自信传播渠道。